国网浙江省电力有限公司"七五"普法依法治企丛书

U0662301

电网建设
法律风险防范
与典型案例评析

肖世杰　主编

中国电力出版社
CHINA ELECTRIC POWER PRESS

内 容 提 要

本书以电网建设项目开展的主要工作流程为序,分别从项目前期(规划、环评、用地、水保、核准等)、施工准备、现场施工及竣工验收等阶段的具体业务分析入手,揭示各业务环节的法律风险并提出相应防范措施,同时对发生的典型案例进行评析,进一步揭示风险和提出管理建议。

本书主要针对从事电网建设相关工作的工作人员及电网企业法律顾问。

图书在版编目(CIP)数据

电网建设法律风险防范与典型案例评析 / 肖世杰主编 . —北京:中国电力出版社,2018.10
(2021.4重印)

ISBN 978-7-5198-2502-7

Ⅰ. ①电… Ⅱ. ①肖… Ⅲ. ①电力工程－电力法－案例－中国 Ⅳ. ①D922.292.5

中国版本图书馆 CIP 数据核字(2018)第 229121 号

出版发行:中国电力出版社

地　　址:北京市东城区北京站西街 19 号(邮政编码 100005)

网　　址:http://www.cepp.sgcc.com.cn

责任编辑:赵 鹏 王 欢

责任校对:黄 蓓 郝军燕

装帧设计:赵丽媛

责任印制:钱兴根

印　　刷:北京九州迅驰传媒文化有限公司

版　　次:2018 年 10 月第一版

印　　次:2021 年 4 月北京第三次印刷

开　　本:710 毫米 ×980 毫米 16 开本

印　　张:13.5

字　　数:201 千字

印　　数:6001—6500 册

定　　价:45.00 元

本书编委会

主　任　肖世杰　陈安伟

副主任　吴国诚

委　员　曹　俊　陈伟龙　陈锡祥　王晓建　王明富

　　　　徐　昱　黄　颖　蒋仁林　钱　肖　邱　华

　　　　赵春源

本书编写组

组　长　陈伟龙

副组长　王明富

成　员　林雷军　张天乐　余秀丽　陶　亮　陈冰晶

　　　　华　玫　褚明华　钱　波　汪　琦　陈　丽

　　　　夏应婷　刘　琳　夏恩光　蔡晓晴　王　颖

　　　　林　挺　陆钦阳　宋春燕　陈　哲　章　燕

　　　　顾益磊　吴军平　吴松毅　罗　勇　陈诗思

　　　　林安定　郑　昕

总　序

　　党的十九大把坚持全面依法治国确定为新时代坚持和发展中国特色社会主义的十四条基本方略之一，对深化全面依法治国做出了一系列影响深远的决策部署，开启了全面依法治国新时代。国网浙江省电力有限公司（简称公司）作为具有普遍服务特征的国有企业、国家电网有限公司的骨干企业、浙江省能源领域的核心企业，肩负重大的政治、经济和社会责任，必须在建设法治浙江和法治企业中发挥骨干和表率作用，成为深化全面依法治国的践行者和带动者。

　　近年来，公司在国家电网有限公司的正确领导下，大力弘扬红船精神，践行"努力超越、追求卓越"企业精神，各项工作走在国内同行前列。公司坚持"基业长青，法治先行"理念，围绕"争当法治央企排头兵"目标，以法治规划为引领，以提高法治力为核心，深入推进"三全五依"法治企业建设，健全法律保障体系，密织法律"防护网"，把法治要求贯彻到公司决策、经营和管理全过程中，保障公司可持续发展。

　　随着行业政策和监管环境的不断变化，公司法治工作正在从"救火队"向"设计师""监理师"角色转变，从事务性向综合性、管理性业务转变，从支撑保障向价值引领和提质增效转变，依法治企被赋予新内涵、形成新秩序，对各级领导干部的法治思维和能力提出新要求。在公司统一组织和协调下，由经济法律部（体改办）牵头，动员公司各单位及相关专业人员，在梳理业务流程、提炼法律风险的基础上，提出法律风险防范措施。同时精选了与电网企业日常经营密切相关的典型案例进行深入的法律风险分析，并提出了警示和建议，体现了"以防为主"的工作要求。

　　这套丛书是公司贯彻落实国家电网有限公司"十三五"法治规划和"七

五"普法要求，不断促进法律与业务专业融合，持续提升法律风险防范水平，全面建设法治企业的重要成果。相信这套丛书将对公司系统干部职工依法决策和运营管理提供警示和借鉴，推动各项工作干在实处、走在前列、勇立潮头，为实现新时代公司战略目标，建设具有卓越竞争力的国际一流现代能源企业做出更大贡献！

国网浙江省电力有限公司
董事长、党委书记

2018 年 3 月

前　言

　　为深入贯彻落实依法治国方略和国家电网有限公司"十三五"法治规划要求，围绕"三全五依"法治企业建设总体目标，全面落实"七五"普法规划，国网浙江省电力有限公司经过广泛调研，决定编写"七五"普法丛书。

　　目前，电网企业所处的行业发展和监管环境出现了新的变化，依法治企也被赋予了新的内涵，形成了新的秩序。尤其是随着电网建设的深入及外部法治环境的变化，电网建设在项目前期、建设施工、竣工验收等各环节存在的法律风险正日益凸显，纠纷不断。为此我们编写了"七五"普法丛书中的《电网建设法律风险防范与典型案例评析》一书。本书以电网建设项目开展的主要工作流程为序，分别从项目前期（规划、环评、用地、水保、核准等）、施工准备、现场施工及竣工验收等阶段的具体业务分析入手，揭示各业务环节的法律风险并提出相应防范措施，同时对发生的典型案例进行评析，进一步揭示风险并提出管理建议。我们希望在有限篇幅内为读者提供有效与有益的信息，并能对今后的电网建设项目推进有所帮助和借鉴。

　　本书在国网浙江省电力有限公司经济法律部的组织下，由所属的综合服务中心、培训中心、杭州供电公司、嘉兴供电公司、湖州供电公司、金华供电公司、台州供电公司、丽水供电公司和衢州供电公司共同编写而成，同时发展部、基建部等部门对书稿提出了许多中肯的意见和建议。在本书的编写过程中，我们得到了上述单位和部门的大力支持，在此谨向参与本书编写、研讨、审稿和业务指导的各位领导、专家和有关单位致以诚挚的感谢！

　　限于编者水平，疏漏之处在所难免，恳请各位领导、专家和读者提出宝贵意见。

本书编写组

2017 年 12 月

目　录

总序

前言

导论 ┈┈┈┈┈┈┈┈┈┈┈┈┈┈┈┈┈┈┈┈┈┈┈┈┈┈┈┈┈┈┈┈┈┈┈┈ 1

　　一、电网建设项目概述 ┈┈┈┈┈┈┈┈┈┈┈┈┈┈┈┈┈┈┈ 2

　　二、电网建设项目法律风险概述 ┈┈┈┈┈┈┈┈┈┈┈┈ 4

第一章　规划选址的法律风险 ┈┈┈┈┈┈┈┈┈┈┈┈ 11

　第一节　电网建设项目规划选址 ┈┈┈┈┈┈┈┈┈┈┈┈ 11

　　一、电网建设项目规划选址概述 ┈┈┈┈┈┈┈┈┈┈┈ 11

　　二、电网建设项目规划选址规定 ┈┈┈┈┈┈┈┈┈┈┈ 12

　　三、电网建设项目规划选址审批流程 ┈┈┈┈┈┈┈ 13

　第二节　电网建设项目规划选址法律风险防范 ┈┈┈ 14

　　一、电网建设项目规划选址法律风险分析 ┈┈┈┈ 14

　　二、电网建设项目规划选址法律风险防范 ┈┈┈┈ 15

　第三节　典型案例评析 ┈┈┈┈┈┈┈┈┈┈┈┈┈┈┈┈┈┈ 16

　　案例一：依法进行选址审批　合法排除潜在风险 ┈┈┈ 16

　　案例二：重视城市总体规划　确保报批满足要求 ┈┈┈ 18

第二章　环评许可的法律风险 ┈┈┈┈┈┈┈┈┈┈┈┈ 21

　第一节　电网建设项目环评许可 ┈┈┈┈┈┈┈┈┈┈┈┈ 21

　　一、电网建设项目环评许可概述 ┈┈┈┈┈┈┈┈┈┈┈ 21

　　二、电网建设项目环评许可规定 ┈┈┈┈┈┈┈┈┈┈┈ 22

　　三、电网建设项目环境许可审批流程 ┈┈┈┈┈┈┈ 23

第二节　电网建设项目环评许可法律风险防范 ………………… 25

一、电网建设项目环评许可法律风险分析 ………………… 25

二、电网建设项目环评许可法律风险防范 ………………… 26

第三节　典型案例评析 …………………………………………… 29

案例三：依法应属拆迁房屋　法院判非环评目标 ……… 29

案例四：环评批复应依管辖　听证程序并非必需 ……… 31

第三章　用地许可的法律风险 ………………………………… 35

第一节　项目用地许可 …………………………………………… 35

一、项目用地许可概述 …………………………………… 35

二、项目用地许可规定 …………………………………… 36

第二节　项目用地法律风险防范 ………………………………… 36

一、项目用地许可法律风险分析 ………………………… 36

二、项目用地许可法律风险防范 ………………………… 38

第三节　典型案例评析 …………………………………………… 40

案例五：用地预审提前办理　避免行政处罚风险 ……… 40

第四章　水土保持的法律风险 ………………………………… 43

第一节　项目水土保持 …………………………………………… 43

一、项目水土保持概述 …………………………………… 43

二、项目水土保持方案 …………………………………… 44

第二节　项目水土保持法律风险防范 …………………………… 47

一、项目水土保持方案的法律风险分析 ………………… 47

二、项目水土保持方案实施过程中的法律风险分析 …… 50

三、项目水土保持法律风险防范 ………………………… 51

第三节　典型案例评析 …………………………………………… 53

案例六：环保代替水保审批无效　及时补办手续终合法 …… 53

第五章　文物保护调查的法律风险 …………………………… 56

第一节　项目文物保护调查 ……………………………………… 56

　　一、项目文物保护调查的必要性 ················· 56

　　二、项目文物保护调查内容 ··················· 57

第二节　项目文物保护调查法律风险防范 ············· 58

　　一、项目文物保护调查法律风险分析 ············· 58

　　二、项目文物保护调查法律风险防范 ············· 61

第三节　典型案例评析 ······················· 63

　　案例七：工程建设应避文物　公函非行政许可 ········ 63

第六章　矿产压覆处理的法律风险 ················· 66

第一节　项目矿产压覆处理 ···················· 66

　　一、项目矿产压覆处理概述 ·················· 66

　　二、项目矿产压覆处理规定 ·················· 67

第二节　项目矿产压覆处理法律风险防范 ············· 67

　　一、项目矿产压覆处理法律风险分析 ············· 67

　　二、项目矿产压覆处理法律风险防范 ············· 68

第三节　典型案例评析 ······················· 69

　　案例八：调整线路重新审批　公共利益应当考虑 ······ 69

第七章　项目核准的法律风险 ··················· 72

第一节　项目核准 ························· 72

　　一、项目核准的发展过程 ··················· 72

　　二、项目核准最新规定 ···················· 73

第二节　项目核准法律风险防范 ················· 74

　　一、项目核准法律风险分析 ·················· 74

　　二、项目核准法律风险防范 ·················· 79

第三节　典型案例评析 ······················· 80

　　案例九：越权核准被判撤销　补办审批难避风险 ······ 80

第八章　招标采购的法律风险 ··················· 83

第一节　电网建设项目招标采购活动 ··············· 83

第二节　电网建设项目招标采购的法律风险防范 ‥‥‥‥ 84

　　一、确定招标范围的法律风险防范 ‥‥‥‥‥‥‥‥ 84

　　二、前置性条件不具备的法律风险防范 ‥‥‥‥‥‥ 86

　　三、资格设置不公平的法律风险防范 ‥‥‥‥‥‥‥ 87

　　四、串通投标的法律风险防范 ‥‥‥‥‥‥‥‥‥‥ 88

　　五、签订合同的法律风险防范 ‥‥‥‥‥‥‥‥‥‥ 89

第三节　典型案例评析 ‥‥‥‥‥‥‥‥‥‥‥‥‥‥ 90

　　案例十：中标人反悔拒签约　保证金依法不返还 ‥‥ 90

　　案例十一：无理拒发中标通知　依法承担赔偿责任 ‥ 92

第九章　勘察设计阶段的法律风险 ‥‥‥‥‥‥‥‥‥‥ 95

第一节　电网建设项目勘察设计阶段 ‥‥‥‥‥‥‥‥‥ 95

第二节　电网建设项目勘察设计阶段的法律风险防范 ‥‥ 96

　　一、选择勘察设计主体的法律风险防范 ‥‥‥‥‥‥ 96

　　二、勘察设计合同中的法律风险防范 ‥‥‥‥‥‥‥ 97

　　三、电网企业自行勘察设计的法律风险防范 ‥‥‥‥ 99

第三节　典型案例评析 ‥‥‥‥‥‥‥‥‥‥‥‥‥‥ 103

　　案例十二：勘察有误影响建设　判令退款并赔损失 ‥ 103

　　案例十三：审核不严误签合同　合同无效责任分担 ‥ 106

第十章　施工场地征拆的法律风险 ‥‥‥‥‥‥‥‥‥‥ 110

第一节　电网建设项目施工场地征拆工作 ‥‥‥‥‥‥‥ 110

　　一、施工场地征拆工作概述 ‥‥‥‥‥‥‥‥‥‥‥ 110

　　二、电网建设项目施工场地征拆及补偿 ‥‥‥‥‥‥ 111

　　三、农用地与集体财产问题处理的特殊要求 ‥‥‥‥ 114

第二节　电网建设项目施工场地征拆法律风险防范 ‥‥‥ 116

　　一、施工场地征拆工作法律风险分析 ‥‥‥‥‥‥‥ 116

　　二、施工场地征拆工作法律风险防范 ‥‥‥‥‥‥‥ 119

第三节　典型案例评析 ‥‥‥‥‥‥‥‥‥‥‥‥‥‥ 122

案例十四：新建线路合规跨房屋　诉请补偿于法无据………… 122

第十一章　临时用地、临时建设工程的法律风险 ……… 124

第一节　临时用地、临时建设工程 ……………………… 124

一、临时用地、临时建设工程概述 ………………… 124

二、临时用地的范围 ………………………………… 125

三、电网建设项目临时用地的使用申请 …………… 126

第二节　临时用地、临时建设工程法律风险防范 ……… 127

一、临时用地、临时建设工程法律风险分析 ……… 127

二、临时用地、临时建设工程法律风险防范 ……… 129

第三节　典型案例评析 …………………………………… 131

案例十五：临用地已补偿复垦　诉请恢复于法无据 ……… 131

第十二章　工程施工许可的法律风险 …………………… 134

第一节　工程施工许可 …………………………………… 134

一、工程施工许可概述 ……………………………… 134

二、工程施工许可的基本内容 ……………………… 135

三、工程施工许可的法律规定 ……………………… 136

第二节　工程施工许可法律风险防范 …………………… 137

一、工程施工许可法律风险分析 …………………… 137

二、工程施工许可法律风险防范 …………………… 140

第三节　典型案例评析 …………………………………… 141

案例十六：楼间距采光引争议　施工许可证得维持 ……… 141

第十三章　工程建设施工的法律风险 …………………… 144

第一节　工程建设施工阶段的法律风险防范 …………… 144

一、工程建设施工阶段概述 ………………………… 144

二、工程建设施工阶段的法律风险及防范 ………… 145

三、典型案例评析 …………………………………… 151

案例十七：施工过程遭遇阻拦　妥善处理化解矛盾………… 151

　　第二节　工程建设施工合同的法律风险防范 ·················· 153

　　　一、电网建设施工合同概述 ·························· 153

　　　二、电网建设施工合同的法律风险及防范 ·············· 153

　　　三、典型案例评析 ······························ 158

　　　案例十八：合理设置工期条款　防范开工延期索赔 ········· 158

　　第三节　工程监理的法律风险防范 ···················· 160

　　　一、电网建设工程监理概述 ······················ 160

　　　二、电网企业在监理中的法律风险及防范 ·············· 160

　　　三、典型案例评析 ······························ 165

　　　案例十九：审查监理单位资质　否则承担无效后果 ········· 165

　　第四节　电网建设物资供应的法律风险防范 ·············· 167

　　　一、电网建设物资供应概述 ······················ 167

　　　二、电网建设物资供应的法律风险及防范 ·············· 167

　　　三、典型案例评析 ······························ 169

　　　案例二十：材料不合格致缺陷　双方均应承担责任 ········· 169

第十四章　工程竣工验收的法律风险 ···················· 172

　第一节　工程竣工验收 ·························· 172

　　　一、工程竣工验收的概念 ························ 172

　　　二、工程竣工验收的条件 ························ 173

　　　三、工程竣工验收的程序 ························ 173

　第二节　工程竣工验收法律风险防范 ·················· 175

　　　一、工程竣工验收的法律风险分析 ·················· 175

　　　二、工程竣工验收的法律风险防范 ·················· 176

　第三节　典型案例评析 ·························· 177

　　　案例二十一：提交资料配合验收　未验先用义务不免 ········ 177

　　　案例二十二：竣工验收已超半年　优先受偿难获支持 ········ 180

　　　案例二十三：隐蔽工程依约质保　初验合格责任仍存 ········ 185

第十五章　不动产权证办理的法律风险 ················· 190

　第一节　不动产权证书办理 ······················· 190

　　一、不动产权证办理概述 ······················· 190

　　二、不动产权证办理流程及条件 ················· 191

　第二节　办理不动产权证的法律风险防范 ··········· 193

　　一、不动产权证书缺失带来的法律风险 ··········· 193

　　二、不动产主体变更的法律风险及防范 ··········· 194

　　三、办理不动产权证书过程中的困难及风险防范措施 ··········· 195

　第三节　典型案例评析 ························· 197

　　案例二十四：产权登记不及时　阻却执行无依据 ··········· 197

参考文献 ······································· 200

导　　论

　　长期以来，我国电力消费总量持续增长，电力需求不断增加。截至 2017 年底，国家电网有限公司在运直流换流站共 39 座，35 千伏及以上变电站 39247 座；110（66）千伏及以上架空线路 94.15 万千米、电缆 2.48 万千米。6～20 千伏架空线路 306.8 万千米，电缆 52.9 万千米，配变 438.1 万台。由于我国一直存在能源集聚地和消费地逆向分布的现实矛盾，因此，特高压、大规模、长距离跨区域输电成为必然要求，特高压建设也由此被寄予解决新能源输出问题的厚望。近年来，中国特高压输电技术发展很快，国家电网有限公司 2009 年投运的 1000 千伏特高压交流输电工程是世界首条实现商业运营的特高压输电线路，到目前为止已经有 3 项 1000 千伏特高压交流工程和 4 项 ±800 千伏特高压直流工程实现商业运营，最大输电距离超过 2000 千米，输电容量达到 800 万千瓦。

　　未来数年将是中国智能电网建设的高峰期。目前，国家电网有限公司已累计建成"八交十直"特高压工程，在建"三交一直"特高压工程，在运在建 22 项特高压工程线路长度达到 3.2 万千米，变电（换流）容量超过 3.3 亿千伏安（千瓦），在运工程已累计送电 8000 亿千瓦时。随着电网建设规模的不断扩大，电网建设过程中存在的法律问题也日益凸显：如前期核准阶段缺乏统一明确的关于电网核准所需前置审批文件的书面规定，又如工程施工阶段存在地役权、线路走廊用地等多项配套制度落后于实践的情形，此外项目建设过程中还可能与其他权益人发生利益冲突等。可以预见的是，这些问题在今后的电网建设中如不提前考虑并采取有效的防范措施，必将引发相应的法律风险和问题。

需要特别指出的是，本书成书时间较早，而随着中央简政放权脚步加快以及 2018 年 3 月党和国家机构改革（如国土资源部等部委撤销，发改委、住建部等相应规划管理职能划入并新成立自然资源部，环境保护部等部委撤销后新成立生态环境部等），我们预测电网建设项目审批所涉的法律法规后续还会有所调整，读者在阅读时应予注意。此外，本书所列案例，均有其相应的时代背景和地域特色，由于法不溯及既往，加之我国并非判例法国家，因此相关案例仅供参考。

一、电网建设项目概述

电网是将各种类型的发电厂（站）的电力输送到电力用户的电力传输网络，它由升压变电站、降压变电站及其相连的输电线路，以及相关的保护控制及通信系统等组成。

（一）电网建设项目的定义

电网建设项目是指以电网建设为目标，电网企业通过电网规划、电网建设勘察设计、电网建设施工、电网建设工程监理、电网建设工程竣工验收等环节，以运输电力为目的的工程项目。从项目进程展开来看，主要包括电网建设项目审批阶段、电网建设项目施工阶段、电网建设项目后期阶段三个阶段。

1. 电网建设项目审批阶段

在电网建设项目审批阶段，电网企业要根据电网规划，向政府主管部门提请项目报批以获得各项行政许可及相应法律文件。

项目前期阶段工作一般包括：取得项目选址意见书、土地预审意见，编制电网项目、水保、环评等专题评估报告并获得相应支持性文件，编制核准申请报告并取得项目核准等。对电网企业而言，电网建设项目前期工作实行统一管理、分级负责，是保障项目建设合法性的重要环节。

工程前期工作主要包括设计招标、初步设计及评审、物资招标、施工图设计、施工及监理招标、施工许可相关手续办理、四通一平、工程策划等开工前准备工作。整个过程涉及国家许多法律法规及行业技术规范要求，电网企业应严格遵守相关法律法规及申报程序，才能保证电网建设项目的顺利实施并有效规避法律风险。

2. 电网建设项目施工阶段

电网建设项目施工是指在满足施工前置条件后，与相关单位签订合同，并根据合同开展建设工作的过程。这是整个建设工作的核心环节。取得工程建设项目施工许可证后，电网建设项目施工阶段开始。施工阶段主要是施工合同的具体履行，它是指施工单位按照电网企业的要求，依据勘察、设计的有关资料要求，依据合同约定进行施工建设和安装的活动。严格履行电网施工合同是电网建设项目质量的核心保障。

3. 电网建设项目后期阶段

在电网建设项目后期，电网企业要做好竣工验收、环保验收、水保验收、档案移交、不动产权证办理等工作。

竣工验收是建设工程项目建设周期终结阶段的重要工作。它是指在工程建设完成、施工单位提交竣工报告后，电网建设单位组织参建方、验收部门及质监部门，对电网建设工程进行全面检验并获取有关资料凭证等，以确保工程与规划设计时的要求完全符合且无任何工程质量问题。

工程项目经竣工验收合格后，便可办理工程移交手续，主要包括工程实体移交和档案材料移交。

环保验收是指建设单位作为环保验收的责任主体，根据相关法律法规规定的程序和标准，组织对配套建设的环境保护设施进行验收，编制验收报告，公开相关信息，接受社会监督，确保建设项目需要配套建设的环境保护设施与主体工程同时投产或使用，并对验收内容、结论和所公开信息的真实性、准确性和完整性负责。

电网建设管理单位在取得规划验收手续后，便可向国土资源和房屋管理部门申请办理不动产权证书。

（二）电网建设项目的特点

1. 电网规划具有超前性

电网建设是关系到国计民生的宏伟大业，电网规划的好坏直接影响电网布局的合理性和经济性，从而影响到国民经济和社会发展。因此电网企业在电网规划阶段，不应拘泥于本地区的经济、社会发展现状，应以国民经济和社会发展规划为基础，切实考虑到经济在未来几年内的发展趋势和用电需求，提出满足电网中长期发展的规划方案，来满足国民经济健康稳定发展对电力的需求。

2. 投资巨大，建设周期长

由于电网项目对电气设备需求高，因此一般电网建设项目投资额都非常巨大。其中，设备方面的投资通常占总静态投资的70％以上，从而形成财务上的固定资产。另外，由于电网建设项目涉及前期核准、土地征收、环境评价等多项工作，在具体施工过程中，还需要完成土建施工、电气安装、设备调试等内容，因此，电网建设项目从投资立项到工程验收耗时较长。

3. 专业性强，技术要求高

电网建设项目是由若干个内容不同的单项工程所组成的，而每个单项工程之间关系密切、相辅相成。因此，电网建设项目既涉及电网企业内部分工协调问题，还涉及与勘察设计单位、施工方、材料供应方等多方单位的协调问题。这就决定了电网建设项目涉及的知识面非常广，牵一发而动全身，对专业技术知识要求非常高。

4. 电网建设外部环境制约多

电网建设项目在自然因素方面，受气候、地质、地形等自然条件的影响；在社会因素方面，又容易受土地征收、施工场地征拆等纠纷的影响；在公共管理方面，需要协调建设管理、规划、公路、铁路、国土、水利、环保等多个部门开展工作。正是因为电网建设涉及的客观因素多，涉及的政府部门多，涉及的法律争议多，因此受到的外部因素制约也比较多，需要谨慎对待。

二、电网建设项目法律风险概述

电网建设项目投资大、规模大的特点在未来一段时间内仍将持续。然而，面对高标准、快节奏的建设形势要求，电网建设项目却因为各种各样的原因频频受阻，有关电网建设项目的诉讼在各地持续高发。2014年至2018年，国网系统内各级单位共发生电网建设类法律案件纠纷501起，占所有案件总数的

6%。走在电网发展前列的省份，电网建设法律风险尤为明显。以浙江省为例，2015 年国网浙江省电力有限公司共发生法律案件纠纷 131 起，其中电网建设类案件纠纷 16 起，占比 12.21%；2016 年共发生法律案件纠纷 135 起，电网建设类案件纠纷 14 起，占比 10.37%；2017 年共发生法律案件纠纷 172 起，电网建设类案件纠纷 17 起，占比 9.88%。这些电网建设类法律案件纠纷以行政诉讼纠纷和侵权责任纠纷为主，涉及电网建设项目信息公开、项目施工场地征拆及补偿、线路走廊用地、相邻关系、环境保护等多个法律风险点。如果处理不当，将导致项目停建、巨额经济赔偿等严重后果。因此如何应对电网建设所面临的法律环境，并提出防范、化解法律风险的对策，是当前电网企业亟待思考的问题。

（一）电网建设项目法律风险的特点

电网建设项目的法律风险是指，电网企业在电网建设过程中，因为电网企业或各利益相关方未按照法律规定、监管要求或者合同约定作为或者不作为，或者外部环境及其变化，给电网企业带来负面法律后果的可能。

电网建设涉及的法律关系多且复杂，比如电网规划法律关系、项目前期法律关系、勘察设计法律关系、施工法律关系、竣工验收法律关系等，同时还涉及监理、环保、水土保持等诸多事项。同时，每一法律关系参与的主体也不尽相同，包括政府、电力企业、勘察设计单位、监理单位、评估单位、拆迁公司等，众多主体之间签订的合同数量大且复杂，涉及合同金额也比较大。只要一个环节出错，就有可能对电网建设造成重大影响。

电网建设项目的法律风险存在于项目建设的各个阶段中。由于电网建设项目投资大、建设周期长，而且外部环境例如市场机制、政策环境随时都在发生变化，电网企业难以预测到这些外界因素的变化。所以，电网建设各个阶段都会有其特殊的法律风险存在。这种风险具有客观性，电网企业只能认识和控制法律风险，尽可能降低其发生概率，减少损失程度，但并不能从根本上消除风险。

（二）电网建设项目法律风险管理

1. 电网建设项目法律风险管理的含义

电网建设法律风险管理是指在对电网建设活动涉及的各类法律风险进行识

别的基础上，开展风险评估、监测与控制，建立法律风险防范的长效机制，将电网建设法律风险管理与业务管理融合，采取有效措施避免或减少法律风险发生，提高法律风险管控的有效性，降低法律风险对电网企业带来的不利影响。

2. 电网建设项目法律风险管理的原则

电网建设项目的法律风险管理是为了解决电网企业困扰、避免电网企业遭受潜在的经济损失，因此，管理法律风险应坚持谨慎管理原则，尽可能对法律风险进行全面、细致的预见，并在设计应对手段时考虑各种可能性，尽最大可能避免由于未能预见而遭受的不利后果。另外，应将防范或控制法律风险不利后果的过程前置，从传统的事前一般性控制甚至不控制转变为以预先控制为主，即在行为开始前已经预见各种可能的法律风险后果，并在实施方案中预埋防范或控制的手段。当法律风险被识别出来以后，是否采取措施、如何采取措施，应该在风险与收益、理想与现实之间做出最有利于企业的选择。

3. 电网建设项目法律风险管理的流程

电网建设项目作为建设项目的一种，既具有一般项目的特征，也有其自身特点。因此，电网建设项目的法律风险管理也应在遵循一般法律风险管理的基础上，结合项目特殊性，适当调整管理内容，以保障电网建设项目法律风险管理的效果。

（1）电网建设项目法律风险识别是电网建设项目法律风险管理的首要环节，它是指通过一定的识别方法，将电网建设过程中的法律风险从目标对象中识别出来。电网建设项目法律风险识别主要是为了归纳项目建设过程中存在哪些法律风险以及分析引起这些法律风险的原因是什么。

电网企业在识别法律风险时，首先应构建出符合电网建设特殊需求的法律风险识别框架，为风险识别提供识别视角，比如根据电网建设涉及的各阶段识别，或者根据法律领域识别等不同维度构建识别框架。紧接着，在构建完成的电网建设项目法律风险识别框架基础上，从各个维度判断是否存在法律风险事件并列举出来，最后形成法律风险清单。

（2）电网建设项目法律风险评估是电网建设项目法律风险管理的前提，它是指通过一定的方法对已识别出的电网建设项目法律风险可能导致的后果进行量化分析。电网建设项目法律风险评估的目的，是为电网企业如何防范电网建设项目法律风险提供决策依据。风险评估时，应从风险发生概率高低、风险可能造成的损失大小等维度进行全方位的测评，以保证下阶段风险防范工作的顺利开展。

（3）电网建设项目法律风险控制是电网建设项目法律风险管理的终极目标，它是以法律风险识别和法律风险评估为基础，针对电网建设项目的不同法律风险采取相应的防范措施，以避免企业遭受重大经济损失。在确定法律风险的控制措施时，要从电网建设项目的实际需要出发，结合风险控制现状灵活制定相应的措施，将电网建设项目的法律风险降到最低。

（三）电网建设项目的法律风险防范

为了保证电网建设项目的顺利完成，电网企业需对电网建设各环节的法律风险进行全面、准确的识别与评估，并提出有效的防范措施。做好法律风险防范工作，是保障电网建设项目顺利完成的重要保障。本书各章节对电网建设项目各环节的法律风险及其防范措施做完整、具体的介绍，此处仅就项目审批、施工阶段及后期阶段三个阶段的法律风险及防范做概括介绍。

1. 电网建设项目审批阶段的法律风险防范

（1）电网建设项目审批阶段的法律风险。电网建设项目审批工作主要是指电网企业以获得电网项目核准为目的而开展的一系列行政许可申请工作。这个阶段的法律风险主要包括核准主体不适格的法律风险和报批顺序混乱的法律风险。在电网建设项目审批阶段，电网企业要根据电网规划，围绕电网建设项目实施向政府主管部门提请报批，并获得规划、土地、环境、水利等主管部门的行政许可，以证明电网建设项目的合法性。然而实践中，曾出现电网企业违反审批级别设置，向实际不具备行政审批权限的行政部门申请许可，并最终导致电网建设项目被迫停工，给企业造成巨大损失的情形。电网企业应特别注意相关法律法规对项目建设行政许可级别管辖的规定，确保向有正确审批权限的部门申请行政许可。

此外，项目建设的审批流程中，各行政许可存在前后关系，通常后一项行政许可以前一项行政许可为条件。实践中，电网企业对各项行政许可取得的先后顺序往往不太重视，造成行政许可取得程序违法。

（2）电网建设项目审批阶段的法律风险防范。严格遵守有关法律法规的规定，编制科学的项目核准申请文件。电网建设项目经核准后，申请文件是项目合法性的依据。申请文件内容应当严谨、科学，前后一致。在核准制下，规划、土地、环保等部门的行政许可申请文件繁多，应注意各项报批文件不应存在不一致或矛盾的内容，并向法律法规规定的有权机关进行报批。

按规定做好公众参与，并注意保存有关证据。重大的电网建设项目应在环评的编制和审批过程中严格按照程序开展工作，做好公众参与和行政审批前的公示工作。包括统一信息告示和环评公示样本，避免因不同理解带来的法律风险。另外，电网企业或委托外部单位在履行听证、公示、征求意见等法定程序时，应注意保存相关证据，避免发生无法举证导致行政许可被撤销，影响项目建设进度的情况。

2. 电网建设项目施工阶段的法律风险防范

（1）电网建设施工阶段的法律风险。

合同履约风险。施工合同是建设单位和施工单位之间进行权利义务划分的重要法律文件。如果出现约定不明、漏项等情形，当矛盾发生时就会出现无据可依的情况，双方均需要花费大量的时间和精力来进行协商，除了容易造成处理效率低下和浪费外，往往还会延误工期和影响工程质量。

施工意外伤害法律风险。电网施工过程中发生的意外伤害主要有以下类型：物件致人伤亡（如设施脱落或坠落致害，建筑物、堆放物倒塌致人伤亡等）、雇员自身遭受伤害（含工伤）、雇员致人伤害和一般侵权等。

电网施工保障法律风险。在电网建设过程中，有可能会对相邻区域或工程沿线居民造成干扰（如在建工程与其他公路、铁路、航运等相互妨碍，又如需要占用土地、绿化等），这就有可能会涉及赔偿问题。也有可能会有民众因对输变电设施电磁指标存在误解而出现信访、诉讼甚至阻挠施工的情况。

（2）电网建设施工阶段的法律风险防范。

一是加强签约管理，注重合同履行。从风险管理的角度，应从源头上着手，重视合同签订工作，尽量选用成熟的合同范本，提前对可能发生的争议事项进行约定，特别是要加强对工程工期、工程物资采购方式、工程款支付、工程质量及保修义务、安全事故责任归属、违约责任等重点条款的约定，对可能发生的意外情形尽可能多地进行预想和罗列，确保在意外发生时有章可循。同时，应抓好过程管控，确保双方严格按照合同条款履行，并保留好必要的过程性凭证，从而实现法律风险有效隔离。

二是加强安全管理，合理购买保险。加强对员工安全意识的教育，合理设置安全警示标识标牌，配备安全工器具，做好安全措施，最大程度减少人身伤害事故的发生。同时合理购买建筑工程一切险、安装责任一切险、第三者责任险等保险，为工作人员投保工伤保险和人身意外保险，在出现意外情况时，合理转移风险。

三是事先做好沟通，事中积极应对。正确处理与相邻权利人的关系，尽量减少对对方的影响并给予合理赔偿。事先加强电磁辐射等环境宣传，一旦出现来访或诉讼，则有理有节地积极应对。如果出现非法阻碍施工的，除了耐心说服外，必要时，可以寻求行政和司法救济，通过保护性施工或诉讼的方式实现己方目的。

3. 电网建设项目后期阶段的法律风险防范

（1）电网建设项目后期阶段的法律风险。

一是工程未经验收或验收不合格就擅自使用。正常情况下，工程应先验收，再使用。否则自发包人转移占用工程后第 15 天起，视为已颁发工程接收证书。建设工程未经竣工验收，发包人擅自使用后，又以使用部分质量不符合约定为由主张权利的，法院将不予支持。

二是无正当理由拖延验收。根据《最高人民法院关于审理建设工程施工合同纠纷案件适用法律问题的解释》（法释〔2004〕14 号），承包人已经提交竣工验收报告，发包人拖延验收的，以承包人提交验收报告之日为竣工日期。

三是工程档案缺失。工程移交时，施工单位应向建设单位同步移交工程相关文档资料。如果相应材料（如原始图纸、证明工程合法性的过程性材料、合同价款调整依据等）缺失，可能会给今后管理带来不便，同时会对未来可能的诉讼取证带来不利后果。

（2）电网建设项目后期阶段的法律风险防范。

一是及时开展竣工验收工作。工程完工后，应根据承包人的申请及时组织相关人员进行竣工验收。根据《建设工程质量管理条例》（2017年修订）第十六条的规定，工程竣工验收由建设单位负责组织。通常情况下需要组成竣工验收委员会（或验收小组），验收委员会主任由建设单位法人代表或其委托的负责人担任，副主任应至少有一名工程技术人员。验收委员会成员由建设单位上级主管部门、建设单位验收负责人、项目现场管理人员及勘察、设计、施工、监理单位相关技术负责人或质量负责人组成，建设单位也可以邀请有关专家参加验收。非验收通过的，不得提前使用。

二是加强工程验收质量管控。对验收结果不合格的，应要求承包人对不合格工程进行返工、修复或采取其他补救措施，相关费用由承包人承担。承包人采取前述措施后，应重新提交竣工验收申请，由建设单位重新组织验收。对于发包方的企业标准或规章制度，属于单方的内部管理规定，对相对方没有必然的法律约束力，但经合同约定或对方认可的情况下，可以作为工程竣工验收的依据。

三是注重工程相关技术资料和工程档案移交。工程移交时，施工单位应编制《工程档案资料移交清单》并向建设单位移交工程相关文档资料。当工程项目的实体、文件资料均办完移交、项目款项结清后，再在项目移交报告上签字。

第一章　规划选址的法律风险

电网建设项目规划选址主要涉及行政审批法律关系，电网企业的义务是向相关政府部门提交有关申请材料，相关政府部门依照法定的条件和程序，对电网企业的申请进行审批。电网项目的选址意见书是电网建设项目核准的前置条件之一，如何正确取得选址意见书，减少法律风险，对下一步电网建设的顺利开展具有重要意义。

第一节　电网建设项目规划选址

一、电网建设项目规划选址概述

选址意见书是建设工程（一般是指新建的大、中型工业与民用项目）在项目立项过程中，由城市规划行政主管部门出具的有关该建设项目是否符合城乡规划要求的意见书，是城乡规划行政主管部门依法核发的有关建设项目的选址和布局的法律凭证。

根据《建设项目选址规划管理办法》第六条有关规定，建设项目选址意见书应当包括下列内容：

（1）建设项目的基本情况：主要是指建设项目名称、性质，用地与建设规模等。

（2）建设项目规划选址的主要依据：包括建设项目与城市规划布局的协调；建设项目与城市交通、通讯、能源、市政、防灾规划的衔接与协调；建设项目配套的生活设施与城市生活居住及公共设施规划的衔接与协调；建设项目对于城市环境可能造成的污染影响，以及与城市环境保护规划和风景名胜、文物古迹保护规划的协调等。

（3）建设项目选址、用地范围和具体规划要求。

以浙江省为例，申请核发选址意见书，电网工程建设单位一般应当提交：

（1）建设项目选址申报书（含情况说明），情况说明包含规划依据、选址位置、建设内容及规模，是否涉及风景名胜区，历史文化名城、名镇、名村等特殊区域。

（2）用地红线图，其中线性项目需提供路径图。

（3）项目位置图。

（4）规划依据，城乡规划含总体规划、专项规划等支撑项目建设的相关规划内容及规划批准文件。

（5）对城乡空间布局有重大影响的建设项目，还应当提交选址论证报告。

（6）上述（1）～（5）项材料的光盘。

其中前4项材料是必须提交的。对于所提交的材料，审批机关主要是根据《城乡规划法》（2015年修订）第三十六条、《浙江省城乡规划条例》（2011年修订）第三十条、《浙江省建设项目选址规划管理办法》（浙建〔2018〕6号）进行审批。

二、电网建设项目规划选址规定

项目规划选址工作依据的法律法规，国家层面的主要有《城乡规划法》（2015年修订）。具体落实到各个地方也会有相应的地方性法律法规，如浙江省有《浙江省城乡规划条例》（2011年修订）、《浙江省建设项目选址规划管理办法》（浙建〔2018〕6号）等。

《城乡规划法》（2015年修订）第三十六条规定，按照国家规定需要有关部门批准或者核准的电网建设项目，以划拨形式提供国有土地使用权的，建设单位在报送有关部门批准或者核准前，应当向城乡规划主管部门申请核发选址意见书。前款规定以外的建设项目不需要申请选址意见书。

根据九部委《关于贯彻落实〈国务院关于加强城乡规划监督管理的通知〉的通知》（建规〔2002〕204号），电网建设项目选址时应注意城乡规划的强制性内容，城乡规划的强制性内容主要涉及区域协调发展、资源利用、环境保护、风景名胜资源保护、自然与文化遗产保护、公众利益和公共安全等方面。规划的强制性内容不得随意调整，变更规划的强制性内容，组织论证，必须就调整的必要性提出专题报告，进行公示，经上级政府认定后方可组织和调整方案，重新按规定程序审批。调整方案批准后应报上级城乡规划部门备案。

2013年以来，为落实国务院关于加快转变政府职能、简政放权的工作部署，国家发展改革委会同有关方面通过修订政府核准的投资项目目录大幅减少核准事项，提高办事效率，如《国务院办公厅关于印发精简审批事项规范中介服务实行企业投资项目网上并联核准制度工作方案的通知》（国办发〔2014〕59号）规定，要求发展改革委会同有关部门研究起草相关立法，精简前置审批，只保留规划选址、用地预审（用海预审）两项前置审批，其他审批事项实行并联办理。规划选址在前期中的重要性毋庸置疑。

三、电网建设项目规划选址审批流程

根据要求，110千伏及以上新建的电网建设项目都必须取得建设（规划）主管部门核发的项目选址意见书。以浙江省为例，浙江省建设厅对电网建设项目选址意见书的办理作了具体要求，业主单位在确定项目方案后，向地方规划主管部门申请项目选址。具体流程为：

（1）项目业主向县级规划主管部门提出项目选址的申请报告并递交项目有关材料。

（2）县级规划主管部门在《建设项目选址申报书》上签署工程选址意见并加盖公章，出具项目情况说明，在相关规划图上标注项目位置，并在征地红线、总平布置图、用地功能规划图、电力设施专项规划图上加盖县级规划部门公章，送地市级规划行政部门。

（3）地市级规划行政部门在《建设项目选址申报书》上签署工程选址意见并加盖公章，送省（直辖市、自治区）级规划行政主管部门。

（4）省（直辖市、自治区）级规划行政主管部门审核批复，有效期为1年。在上述流程中需要指出的是，县、市规划主管部门的意见一定要用规定的文件格式，且必须加盖单位公章，不得以部门公章代替，如出现部门公章则无效。项目选址意见书申报可以和项目的土地预审、环评等平行开展，因此必须重视项目选址意见书的有效期。浙江省规定《建设项目选址意见书》有效期自核发之日起1年。有效期内未取得建设项目批准（核准）文件的，可以申请延期。需要延期的，申请人应当在选址意见书有效期届满前30日向原核发机关申请延期。延期以两次为限，每次不超过1年。一旦项目其他支持性文件不能及时取得，应在有效期届满前30日申请延期，过期需要重新申报。

第二节　电网建设项目规划选址法律风险防范

一、电网建设项目规划选址法律风险分析

1. 电网建设项目规划选址未避让国家法律法规明确规定的禁入区域

电网建设项目规划选址范围涉及国家法律法规明确规定的禁入区域，如电网建设项目的选址设立在自然保护区、风景名胜区或是一级饮用水保护区内。根据《自然保护区条例》（2017年修订）第三十二条规定，在自然保护区的核心区和缓冲区内，不得建设任何生产设施。在自然保护区的实验区内，不得建设污染环境、破坏资源或者景观的生产设施。《风景名胜区条例》（2016年修订）第二十六条、第二十七条分别规定，"在风景名胜区内禁止进行下列活动：开山、采石、开矿、开荒、修坟立碑等破坏景观、植被和地形地貌的活动""禁止违反风景名胜区规划，在风景名胜区内设立各类开发区和在核心景观内建设宾馆、招待所、培训中心、疗养院以及与风景名胜资源保护无关的其他建筑物。"《饮用水水源保护区污染防治管理规定》（2010年修订）第十二条规定，一级保护区内禁止新建、扩建与供水设施和保护水源无关的建设项目。如果电网建设项目的规划选址设立在以上三个地方，或是未避让，那么有可能导致选址意见书被撤销，直接影响到后续工程的开工

建设。

2. 电网建设项目选址违反了法律法规强制性规定

项目选址如果违反了法律法规强制性规定，项目选址意见书可能得不到有关部门的许可，即使取得了许可，该许可也面临被撤销的风险。同时如果项目选址不科学、不合理，不但会延长电网建设项目取得各项许可的时间，还会使电网项目的建设面临不利的条件。

二、电网建设项目规划选址法律风险防范

在电网建设核准之前的各类行政许可中，电网建设项目的选址、选线是首要的，后续工作中的土地预审和环境影响评价均以项目选定的所址和线路走廊开展工作。因此，选址工作对电网建设项目的顺利建设开展至关重要。电网建设项目选址时，应事先收集尽可能详尽的资料，以确保选址的正确性与科学性。

第一，在项目的选址、选线中一定要避让国家法律法规明确规定的禁入区域。特别是对自然保护区、风景名胜区经专项论证及审批同意后方可进入，一级饮用水保护区则必须严格避让。这三个区域都是项目环评所必须考虑的，是直接影响项目环评及批文取得的关键因素。

第二，要重视所址土地的性质，尽可能不占基本农田。目前所址如果占用基本农田，则获得批准比较难，同时占用基本农田的项目，整个土地预审的周期非常长，有时候会拖 1～2 年，给项目的进展造成严重影响。330 千伏以上的电网项目若占用基本农田，必须采取有效的技术措施，减少占地才有可能获得通过。因此选址也要尽可能避让基本农田。

第三，项目选址还应遵守国家对民航安全、军事设施保护的规定，并注意与交叉或临近的公路和石油管道等设施的协调。

第四，相关文件中的选址要明确、确定，前后一致。例如，某省 500 千伏变电所规划行政许可诉讼案中，由于地方政府行政主管部门笔误，将项目所在地地址写错，即便附图标注的地点准确无误，但一审法院仍判决撤销该建设用地规划许可。虽然二审法院予以了纠正，但已使项目建设工作陷入被动。

第三节　典型案例评析

鉴于电网自身的特殊性及对经济发展和社会生产生活的巨大影响，国家对电网建设有着严格的标准及要求。电网企业作为电网建设的项目法人，在电网项目规划选址中遭遇的困难也越来越多。本节特选取规划许可行政行为合法性、选址是否符合城市规划等实践中常见的两个典型案例进行分析，以期为电网企业项目规划选址工作上提供借鉴和参考。

案例一：依法进行选址审批　合法排除潜在风险

案情简述

为满足某市电力负荷增长需求，某市供电公司（第三人）根据该市城市电网发展规划要求，于 2002 年 9 月向某省电力公司申报了 25 项输变电工程项目。2003 年 3 月，该省电力公司对此给予批复（某电计〔2003〕1888 号）；2004 年 2 月，该省发展和改革委员会以文件形式同意了这 25 项输变电工程项目（某发改交发〔2004〕636 号）。同年 6 月，市供电公司将相关审批文件报送市规划局（被告）申请项目选址意见。市规划局于同年 7 月批复了 25 个输变电工程项目的选址意见书，其中包括该市 A 区第 22 号变电站项目选址意见，即《A 区第 22 号变电站选址意见书》（某规选址〔2004〕198 号）。

住所地位于 A 区第 22 号变电站选址附近的郭某等 36 人（原告）得知此事后，认为该项目选址不合法且严重影响附近居民的日常生活和居住，故于 2005 年 1 月针对上述选址意见向省建设厅申请行政复议，请求撤销市规划局作出的《A 区第 22 号变电站选址意见书》。该省建设厅于法定期限内作出复议决定，认为"该项目选址意见程序合法，依据充分"，维持了市规划局作出的选址意见。郭某等 36 人不服省建设厅作出的复议决定，于 2005 年 3 月诉至该市 A 区人民法院。因市供电公司与该案被诉具体行政行为有法律上的利害关系，故 A 区人民法院依法通知其为诉讼第三人参加诉讼。

法院经审理认为：本案审查的是被告市规划局作出的项目选址意见行政审

批行为的合法性。根据《城市规划法》，市规划局作为该市人民政府城市规划行政主管部门，其对本市城市规划区内的建设项目具有核发项目选址意见书的审批权。本案第三人某市供电公司在报批涉案选址意见书时提交了法律规定应当提交的相关资料，市规划局经审查后作出涉案行政行为事实清楚，依据充分。针对原告所提出的主张，被告及第三人均提供了合法证据予以说明。在审理中，法院未发现被告市规划局在出具行政许可意见时存在不合法行为，原告要求撤销涉案行政行为的诉求法院不予支持。故法院判决维持市规划局于 2004 年 7 月对市供电公司作出的《A 区第 22 号变电站选址意见书》。

⚖ 法律分析

本案争议的焦点是市规划局作出的涉案项目选址意见书是否合法。

1. 行政许可的主体是否具有审批权

市规划局作为市人民政府城市规划行政主管部门，其对该市城市规划区内的建设项目具有当然的核发选址意见书审批权。

2. 行使行政许可权的程序是否合法

我国现行法律、行政法规规定，行政机关在行使行政许可权的过程中，不仅要按照许可事项的要求，对行政相对人提交的各种申请材料的真实性和合法性进行甄别与审查，从而保证行政许可所依据的法律事实真实合法，还要按照《行政许可法》的程序规定，保证行政许可程序的合法。否则，将会因认定事实不合规或程序不合法，而导致作出的行政许可无效或被撤销。

结合本案，被告市规划局在作出行政许可的过程中并未出现违反程序或疏忽审查的情况，被告依据相关选址许可的要求对市供电公司提交的申请材料进行了审核，而市供电公司所提交的材料也完全符合当时国家相关法律、法规的要求，故法院认定市规划局出具涉案项目选址意见书的行政许可行为合法有效。

👤 启示建议

工程建设项目的特殊性决定了它的审批、核准环境必然纷繁复杂。而电网工程项目因其自身的重要性，法律法规规定了更为严格的报批、审查要求。

1. 电网建设规划应当符合相关标准要求

规划是万事之首，规划的好坏直接关系到建设的成败。电网建设规划作为城市规划的重要组成部分，应当引起电网企业的重视，规划的制定必须符合标准要求。

2. 电网企业应当正确履行报批手续

电网企业作为项目法人在日常的建设、经营及管理中应严格按照现行法律、法规进行项目的报批、审核，同时应注意各环节的控制以确保报批程序合法、形式有效、依据充分。

案例二：重视城市总体规划　确保报批满足要求

案情简述

随着某市经济的不断发展，原有输变电网架已成为制约其经济发展的瓶颈。为此，该市供电公司（第三人）于 2003 年 10 月向某省电力公司申报了18 项输变电工程项目。2004 年 11 月，该省电力公司给予批复（某电计〔2004〕1996 号）。随后，省发展和改革委员会于 2005 年 6 月以文件形式同意了这 18 项输变电工程项目（某发改交能发〔2005〕345 号）。同年 10 月，市供电公司及时将相关审批文件报送市规划局（被告）申请项目选址意见。市规划局在收到相关申请文件后，于同年 12 月为 18 项输变电工程项目出具了选址意见书，其中包括该市 A 区第 9 号变电站项目选址意见，即《A 区第 9 号变电站选址意见书》（某规选址〔2005〕第 396 号）。

住所地临近 A 区第 9 号变电站选址位置的居民安某等 68 人（原告）得知情况后，认为该项目选址违反相关法律法规的规定，且该项目将严重影响附近居民的日常生活，故于 2006 年 5 月向某省建设厅申请行政复议，要求撤销市规划局作出的《A 区第 9 号变电站选址意见书》行政许可行为。

2006 年 7 月，该省建设厅作出了复议决定，认为市规划局作出的项目选址意见依据充分、程序合法，无可撤销情节，维持该规划局作出的选址意见。安某等 68 人不服该行政复议决定，遂于 2006 年 8 月向该市 A 区人民法院提起行政诉讼。A 区人民法院考虑到市供电公司与该案被诉具体行政行为有法律上的利害关系，故依法通知其作为第三人参加诉讼。

法院经审理认为：在涉案变电站项目已取得相关部门批文的情况下，被告市规划局接受了第三人提交的申请材料，其作出的项目选址意见许可行为并没有违反国家现行的相关法律、法规规定，亦未违反城市总体规划和土地利用总体规划的要求。针对原告提出的要求撤销被诉行政许可行为的诉讼理由，法院认为根据被告提交的相关证据及材料，认定市规划局所出具的《A 区第 9 号变电站选址意见书》并未违反《城市电力规划规范》（GB 50293—1999）第 7.2.3 条的规定。故该院认为，原告安某等 68 人要求撤销市规划局合法的《项目选址意见书》的理由不能成立。法院判决驳回原告安某等 68 人的诉讼请求。

法律分析

本案争议的焦点是被告对涉案变电站选址意见的许可行为是否在实体上违反了法律、法规和规范性文件的规定和要求。

1. A 区第 9 号变电站是否符合政府批准的市城市总体规划

由于市人民政府在被告市规划局作出涉案具体行政许可之前就对城市总体规划进行了修改及调整，将 18 项输变电工程项目纳入其中。故涉案的 A 区第 9 号变电站作为 18 项输变电工程项目之一完全符合该市总体规划。涉案的 A 区第 9 号变电站的选址符合《城市电力规划规范》（GB 50293—1999）的选址要求。

2. 输变电设施究竟对人体健康会产生何种影响

本案中原告并无证据证明在该地区建设变电站项目会对其身体健康造成损害，属于举证不能，应自己承担举证不利的后果。另外根据世界卫生组织的研究，输变电设施电磁场影响人体健康的说法无法得到试验证实，工频电场和工频磁场不会对我们的人体健康造成危害，因此，社会大众不必担心输电设施电磁环境影响。

3. 被告的许可是否违反《城市电力规划规范》的要求

案发时现行的《城市电力规划规范》（GB 50293—1999）第 7.2.3 条明确规定，城市变电所规划选址应符合下列要求：①符合城市总体规划用地布局要求；②靠近负荷中心；③便于进出线；④交通运输方便；⑤应考虑对周围环境和邻近工程设施的影响和协调等。本案中市规划局所出具的 A 区第 9 号变电站项目选址意见并未违反该规定。

启示建议

该案对电网企业主要提出了两点风险警示：

1. 电网项目规划应符合城市总体规划

城市总体规划是政府依据本市经济和社会发展规划以及当地自然环境、资源条件、现状特点，统筹兼顾、综合部署，为确定城市未来的规模和发展方向，实现城市经济和社会发展目标，合理利用城市土地，协调城市空间布局等所作的一定期限内的综合部署和具体安排。电网建设项目作为市政建设的重要组成部分应符合城市总体规划、相关规程规范的要求。

2. 选址工作必须密切关注舆情

随着公众权利意识的增强，对于保障自身居住环境的安全性要求也越来越高。这对电网建设项目选址工作提出了考验。因此，在开展选址工作过程中，必须综合考察周围的居住人员，密切关注他们的想法，防止对项目建设产生不利影响。

第二章 环评许可的法律风险

电网建设与环境保护是关系国计民生的宏伟大业，电网企业在实践中应主动做到统筹兼顾、互为促进、协调发展，正确处理好眼前与长远、经济效益与社会效益、局部利益与整体利益的关系，在加快电网建设和改造步伐的同时，为保护人类环境作出积极贡献。

第一节 电网建设项目环评许可

一、电网建设项目环评许可概述

环境影响评价是指对规划和建设项目实施后可能造成的环境影响进行分析、预测和评估，提出预防或者减轻不良环境影响的对策和措施，进行跟踪监测的方法与制度。通俗说就是分析项目建成投产后可能对环境产生的影响，并提出污染防治对策和措施。包括对项目建设、运行中产生的工频电磁场、噪声、废油等环境因子进行监督管理，对这些环境因子不能达到国家环保标准要求的输变电线路和变电站要根据国家有关要求进行综合治理与改造。

电网建设项目应执行国家环境影响评价制度、环境保护"三同时"制度、建设项目环境保护申报审批程序等。根据《建设项目环境保护管理条例》（2017年修订）和《企业投资项目核准和备案管理办法》（2017年国家发展和改革委员会令第2号），项目的环境影响报告书、报告表的报批时间已由可行性研究阶段调整为开工建设前。

根据《环境影响评价法》（2016 年修订）第十七条规定，建设项目的环境影响报告书应当包括下列内容：

（1）建设项目概况。

（2）建设项目周围环境现状。

（3）建设项目对环境可能造成影响的分析、预测和评估。

（4）建设项目环境保护措施及其技术、经济论证。

（5）建设项目对环境影响的经济损益分析。

（6）对建设项目实施环境监测的建议。

（7）环境影响评价的结论。

环境影响报告表和环境影响登记表的内容和格式，由国务院环境保护行政主管部门制定。

二、电网建设项目环评许可规定

项目环评工作依据的法律法规主要有：《环境保护法》（2014 年修订）、《环境影响评价法》（2016 年修订）、《海洋环境保护法》（2017 年修订）、《电磁辐射环境保护管理办法》（1997 年国家环境保护局令第 18 号）、《建设项目环境保护管理条例》（2017 年修订）、《环境保护总局建设项目环境影响评价文件审批程序规定》（2005 年国家环境保护总局令第 29 号）等。

《环境保护法》（2014 年修订）第十九条规定，编制有关开发利用规划，建设对环境有影响的项目，应当依法进行环境影响评价。未依法进行环境影响评价的开发利用规划，不得组织实施；未依法进行环境影响评价的建设项目，不得开工建设。第四十一条规定，建设项目中防治污染的设施，应当与主体工程同时设计、同时施工、同时投产使用。防治污染的设施应当符合经批准的环境影响评价文件的要求，不得擅自拆除或者闲置。第四十二条第一款规定，排放污染物的企业事业单位和其他生产经营者，应当采取措施，防治在生产建设或者其他活动中产生的废气、废水、废渣、医疗废物、粉尘、恶臭气体、放射性物质以及噪声、振动、光辐射、电磁辐射等对环境的污染和危害。

《海洋环境保护法》（2017 年修订）也对建设工程项目的环境影响进行了

规定，新建、改建、扩建海岸工程建设项目，必须遵守国家有关建设项目环境保护管理的规定，并把防治污染所需资金纳入建设项目投资计划。在依法划定的海洋自然保护区、海滨风景名胜区、重要渔业水域及其他需要特别保护的区域，不得从事污染环境、破坏景观的海岸工程项目建设或者其他活动。海岸工程建设项目单位，必须对海洋环境进行科学调查，根据自然条件和社会条件，合理选址，编制环境影响报告书（表）。在建设项目开工前，将环境影响报告书（表）报环境保护行政主管部门审查批准。海岸工程建设项目的环境保护设施，必须与主体工程同时设计、同时施工、同时投产使用。

《环境影响评价法》（2016 年修订）规定了国家根据建设项目环境的影响程度，对建设项目的环境影响评价实行分类管理。输变电工程建设项目环境影响评价应当适用《环境影响评价技术导则 输变电工程》（HJ 24—2014），该标准为国家环境保护标准，适用于输变电工程建设项目环境影响评价。该标准规定：环境质量评价的标准应根据建设项目所在地区的要求执行相应环境要素的国家或地方环境质量标准。污染物排放标准应执行相应的国家或地方污染物排放标准，应优先执行地方污染物排放标准，其执行标准应符合地方环境保护行政主管部门的要求；当建设项目执行的环境保护标准国内尚未制定，在经环境保护行政主管部门同意后可参照执行国际通用标准或国外相关标准。

2015 年 1 月 1 日，《电磁环境控制限值》（GB 8702—2014）正式实施，该标准适用于电磁环境中控制公众曝露的评价和管理。依据该标准，输变电工程 50 赫兹工频电场强度公众曝露控制限值为 4 千伏/米，工频磁感应强度公众曝露控制限值为 $100\mu T$，同时该标准也明确指出，架空输电线路线下的耕地、园地、牧草地、畜禽饲养地、养殖水面、道路等场所，其频率 50 赫兹的电场强度控制限值为 10 千伏/米，且应给出警示和防护指示标志。

三、电网建设项目环境许可审批流程

建设单位应按照环境保护部公布的《建设项目环境影响评价分类管理目录》（2018 年修订）规定，组织编制环境影响报告书、环境影响报告表或者填报环境影响登记表。

根据国家有关环境保护方面的法律法规和文件要求及国务院调整和取消行政审批的要求，以浙江省为例，不跨省（区、市）的330千伏、500千伏交流项目环境影响评价文件审批，由省环保厅审批；220千伏及以下的输变电工程下放给县（市、区）级环保部门审批，项目跨行政区域的，其环境影响评价文件由共同的上一级环境保护行政主管部门审批。

按照国家环保法律法规要求和电网建设项目特点，电网建设项目工程环境影响报告书编报程序为：

（1）在项目可研的所址、线路路径方案明确后，委托有资质的环境影响评价机构开展环评工作。目前，项目的环境影响报告书、报告表的报批时间由可行性研究阶段调整为开工建设前。

（2）现场监测和调查，进行项目信息告示。即在项目涉及区域的村、镇、居民区将项目的基本情况、建设单位、环评单位、联系人等信息粘贴告示，鼓励采用媒体公示的方式，公示的时间不少于10个工作日。

（3）在现场工作的基础上，编制项目环境影响评价报告书，在完成项目环评文件初稿时，进行环评公示。即将环评的初步结论公示，并公开报告书的简本。

（4）报告书报批。即建设单位将编制完成的环境影响评价报告书送至相应层级的环保行政管理部门审批。以浙江为例，不跨省的330千伏、500千伏交流项目环境影响评价文件审批，报送至省环保厅审批，220千伏及以下的输变电工程则由县（市、区）级环保部门审批。

（5）环保机构视项目的影响程度决定是否进行技术评估，评价单位根据评估专家意见对报告书进行修改完善。

（6）行政审批前公示（媒体、网站）和批复。审批部门在受理项目的环评报告书后，应进行审批前公示，公示时间不少于10个工作日。按照《环境影响评价法》（2016年修订）规定，审批部门应当自收到环境影响报告书之日起六十日内，收到环境影响报告表之日起三十日内，分别作出审批决定并书面通知建设单位。审核、审批建设项目环境影响报告书、报告表以及备案环境影响登记表，不得收取任何费用。

电网建设项目环评报告表的编制和审批程序在报告书的基础上适当简化。

电网建设项目环评许可应重点注意：

第一，项目环评批文的有效期限。根据有关规定，环评批文的有效期为5年，超过5年的项目开工建设，其环境影响报告书、环境影响报告表或者环境影响登记表需报原审批机关重新审核。

第二，根据《输变电建设项目重大变动清单（试行）》（环办辐射〔2016〕84号）规定，输变电建设项目发生清单中一项或一项以上，且可能导致不利环境影响显著加重的，界定为重大变动，应当对变动内容进行环境影响评价并重新报批，一般变动只需备案。

第三，尽一切所能避开法律规定需要保护的自然保护区、风景名胜区、湿地、一级水源保护区、文物保护等环境敏感点。

第二节　电网建设项目环评许可法律风险防范

一、电网建设项目环评许可法律风险分析

1. 电网建设项目未依法进行环境影响评价

《环境保护法》（2014年修订）第十九条、六十三条规定，未依法进行环境影响评价的建设项目，不得开工建设。建设项目未依法进行环境影响评价，被责令停止建设，拒不执行的，尚不构成犯罪的，除依照有关法律法规规定予以处罚外，由县级以上人民政府环境保护主管部门或者其他有关部门将案件移送公安机关，对其直接负责的主管人员和其他直接责任人员，处十日以上十五日以下拘留；情节较轻的，处五日以上十日以下拘留。

《海洋环境保护法》（2017年修订）第八十二条规定，违反本法第四十七条第一款的规定，进行海洋工程建设项目的，由海洋行政主管部门责令其停止施工，根据违法情节和危害后果，处建设项目总投资额百分之一以上百分之五以下的罚款，并可以责令恢复原状。违反本法第四十八条的规定，海洋工程建设项目未建成环境保护设施、环境保护设施未达到规定要求即投入生产、使用

的，由海洋行政主管部门责令其停止生产、使用，并处五万元以上二十万元以下的罚款。

2. 电网建设项目环评文件未报批或未经批准即开工建设

《环境保护法》（2014年修订）六十一条规定，建设单位未依法提交建设项目环境影响评价文件或者环境影响评价文件未经批准，擅自开工建设的，由负有环境保护监督管理职责的部门责令停止建设，处以罚款，并可以责令恢复原状。

《环境影响评价法》（2016年修订）第三十一条第一款规定，建设单位未依法报批建设项目环境影响报告书、报告表，或者未依照本法第二十四条的规定重新报批或者报请重新审核环境影响报告书、报告表，擅自开工建设的，由县级以上环境保护行政主管部门责令停止建设，根据违法情节和危害后果，处建设项目总投资额百分之一以上百分之五以下的罚款，并可以责令恢复原状；对建设单位直接负责的主管人员和其他直接责任人员，依法给予行政处分。

3. 应征求公众意见的项目环评报告缺少公众参与内容

按照国家规定应当征求公众意见的建设项目，其环境影响报告书中没有公众参与内容的，环境保护行政主管部门不得受理。因没有严格遵守法律要求的程序，作出的行政许可行为将有可能面临被撤销的法律后果。

4. 未办理环评手续产生法律纠纷

办理环评手续是法律规定的义务，未办理或手续有瑕疵（审批部门不当、投运后未办）都属于过错行为。《侵权责任法》规定，对于环境污染纠纷案件受害者只要举证证明其受到损失即可，污染物排放者需举证证明受害者的损失与污染物排放之间不存在因果关系。目前实践中电网建设项目附近的居民可能会就输变电设施的电磁环境影响采取信访、诉讼等方式要求赔偿损失，电网企业如未办环评手续将有可能承担赔偿损失等法律责任的风险。

二、电网建设项目环评许可法律风险防范

环境影响评价文件主要是基于项目建设计划和周围环境现状，分析、预测

和评估电网建设项目对环境可能造成的影响，并阐述项目拟采取的环境保护措施及其技术、经济论证。电网企业在分析、预测项目建设对环境可能造成的影响时，应考虑各方面的因素，做到尽可能全面分析项目对环境的影响。环境影响评价文件不仅是为了供政府审查取得环评批文，更重要的是为项目建成后符合国家环保标准，是保证项目合法性的重要手段。

（一）应提升对环评审批的重视程度

随着公民个人权利意识的增强，项目建设过程中环评报告内容是否完备、审批程序是否合法均受到公众的监督，环评报告审批作为项目开工必须具备的文件，直接影响到项目开工建设的时间，而担负社会责任的企业应警惕环评过程中所潜在的法律风险。电网建设企业应视具体情形委托具有资质的相关机构作出环境影响报告书（表）或填报环境影响登记表，并及时报环境保护行政主管部门审批或备案，以免项目因环境评价审批而导致延误。对容易引起跨行政区域环境影响纠纷、可能造成生态系统结构重大变化、加剧自然灾害等情形的项目，建设单位必须编制环境影响报告书，对可能造成的环境影响进行全面评价，并及时报环境保护行政主管部门审批。

（二）加强法律法规学习，提升法律意识

加强对国家相关的法律法规、标准以及地方规范的学习。在新的法律法规或标准出台后，电网企业应第一时间组织相关人员加强学习，注意新旧法律变化对电网建设环保项目的不同要求，以此提高电网企业的法治观念。同时电网企业应深入研究国家环境政策和环保主管部门的管理措施，努力提高环评工作的效率和质量，严格按照法律规定执行，落实环境影响评价和环境保护设施要与输变电工程同时设计、同时施工、同时投产的"三同时"制度。

（三）高度重视技术标准与规范的制定、修订工作

要高度重视技术标准与规范工作，积极参与国家和各地方政府开展相关标准的制定、修订工作，使之更加科学合理；应积极研究探索一些行业标准的调整。如在《电力法》修订中，建议加入对公众健康保护的条款，消除公众疑虑，细化标准和规范的解释内容，让社会大众能够清楚了解标准和规范的管理要求。

(四) 加大电网建设环保治理与环境保护宣传力度

做好输变电设施建设、运行过程中工频电场、工频磁场、无线电干扰、噪声等环境监测分析，加强对在环境影响评价工作中开展公众参与工作的研究。第一，要加强跟踪最新的科学发展，要加强对世界卫生组织等国际权威机构研究成果的跟踪与研究，参照先进国家，向社会与公众提供均衡、公开的信息。第二，采取多种形式，广泛积极开展输变电项目的环境保护宣传，提高公众的知识水平，并科学地认识电磁场的影响。第三，加强电网环保宣传，坚持科学舆论引导观，逐步扭转个别媒体对电磁环境影响不科学的宣传。第四，加强对电网环保法律、法规、标准的普及宣传，向公众解答疑问，促进沟通，消除隔阂。

(五) 重视利益相关方的意见

《环境影响评价法》（2016 年修订）第二十一条规定，除国家规定需要保密的情形外，对环境可能造成重大影响、应当编制环境影响报告书的建设项目，建设单位应当在报批建设项目环境影响报告书前，举行论证会、听证会，或者采取其他形式，征求有关单位、专家和公众的意见。此条款系针对建设单位在报批建设项目环境影响报告书前必须履行的法定程序。

(六) 按照规定做好公众参与

2006 年 3 月 18 日《环境影响评价公众参与暂行办法》施行后，公众对项目建设的关注度很高，如何在环评的编制和审批过程中严格按程序开展公众参与，是规避环评法律风险的有效方法。以浙江省为例，《浙江省建设项目环境保护管理办法》（2018 年浙江省人民政府令第 364 号）规定，建设单位应当依法向社会公开建设项目相关环境信息，按照相关规定执行公众参与制度。建设单位应当编写环境影响评价公众参与说明，在报批环境影响报告书时一并提交。环境影响评价公众参与说明的内容主要包括公众参与过程，公众意见及其采纳和反馈情况，公众座谈会、专家论证会情况等。

2018 年 7 月 16 日，生态环境部公布了《环境影响评价公众参与办法》，该办法自 2019 年 1 月 1 日起施行，对公众参与提出了更明确的要求。

第三节　典型案例评析

随着公众法律和环保意识的日益增强，项目审批过程中的环评报告内容是否完备、审批程序是否合法，更为公开地置于民众的监督之下，电网企业遭遇了前所未有的挑战。为更好地防范环评许可中的法律风险，本节特选取了两个典型案例对环评许可过程中可能出现的问题进行分析，以为电网企业今后的环评工作借鉴和参考。

案例三：依法应属拆迁房屋　法院判非环评目标

案情简述

2010 年 7 月 28 日，某省环境保护厅向某电网公司作出《关于某核电厂扩建项目（某核电工程）电厂送出工程环境影响报告书审批意见的函》（某环辐〔2010〕29 号），同意该公司报送的工程环境影响报告书结论。该工程中的某 500 千伏线路途经 A 县、B 市和 C 市，路径总长度为 67.74 千米，其中 A 县境内长度为 22.1 千米，途经 D、E、F 等三个镇。沈某等 17 人为 D、E 镇人，因房屋搬迁补偿问题与当地政府未达成一致，房屋未搬迁，建成后的线路从沈某等 17 人所居住的房屋上方跨越，引发纠纷。

2012 年 6 月 11 日和 7 月 12 日，沈某等先后向某省人民政府申请行政复议，认为某省环境保护厅违反法定程序及实体规定，违法作出审批意见，侵犯了申请人的合法权益，请求撤销该环境保护厅作出的某环辐〔2010〕29 号审批意见函。2012 年 9 月 10 日某省人民政府作出《驳回行政复议申请决定书》（某政复〔2012〕141 号），认为沈某等 17 人的住宅属于拆迁范围，不属于涉案项目实施后的环境保护目标，其与审批意见无法律上的利害关系，决定驳回沈某等 17 人的行政复议申请。

沈某等 17 人对复议结果不服，于 2012 年 10 月 8 日向市中级人民法院提起诉讼，认为其与《审批函》具有法律上的利害关系，请求一是撤销被告某省人民政府作出的某政复〔2012〕141 号《驳回行政复议申请决定书》；二是责令被告某人民政府依法审理原告复议撤销某省环境保护厅作出的某环辐〔2010〕29 号审批函一案。2012 年 12 月 21 日，市中级人民法院作出一审判决，驳回原告的诉讼请求。沈某等 17 人不服一审判决上诉至某省高级人民法院。法院于 2013 年 3 月 18 日作出终审判决，认为沈某等 17 人的住宅属于拆迁范围，不属于涉案项目实施后的环境保护目标，其与审批意见无法律上的利害关系，判决驳回上诉，维持原判。

⚖ 法律分析

1. 沈某等 17 人与某环辐〔2010〕29 号《审批函》是否具有法律上的利害关系

《环境影响评价法》（2016 年修订）第二条规定，环境影响评价是指对规划和建设项目实施后可能造成的环境影响进行分析、预测和评估，提出预防或者减轻不良环境影响的对策和措施，进行跟踪监测的方法与制度。

根据《110kV～750kV 架空输电线路设计规范》（GB 50545—2010）13.0.4 规定，500 千伏送电线路不应跨越长期住人的建筑物，边相导线地面投影外 5 米内不允许有经常住人的建筑物。沈某等 17 人的房屋均位于涉案某核电工程 500 千伏电厂送出输电线路工程边导线 5 米范围内，应当予以拆迁，故其已不属于《环境影响评价法》（2016 年修订）所规定的建设项目实施后的环境保护目标，不需要在环境影响评价中考虑项目实施后对房屋可能造成的环境影响。因此在涉案工程《环境影响报告书》编制及行政审批过程中，沈某等 17 人已不属于具体行政行为的利害关系人，某省环保厅作出某环辐〔2010〕29 号审批函的具体行政行为与沈某等 17 人没有法律上的利害关系。

根据《行政复议法实施条例》规定，申请人申请行政复议，应当与具体行政行为有利害关系。由于沈某等 17 人与某环辐〔2010〕29 号审批函的具体行政行为无法律上的利害关系，因此不符合行政复议受理条件。

2. 某省环境保护厅作出的某环辐〔2010〕29 号审批函是否合法有效

涉案工程环境影响报告书依法委托有资质的单位编制，主要内容充分全面。针对专家的评审意见已做出补充完善，环境影响报告书符合环境影响评价技术导则及相关规范的要求，达到了环评批复的要求。某省环境保护厅依照法定程序对建设单位提交的材料进行审查和论证后，作出审批意见，有关审批程序符合法律规定，环评报告书内容合法有效。

🅰 启示建议

该核电送出工程环评行政复议诉讼案反映了电网企业在电网建设和电力设施运行维护中的问题，应该引起电网企业足够的重视。针对本案及相关问题，提出如下风险警示供参考。

（1）对于类似电网建设情况，尤其是前期就已出现投诉、信访甚至纠纷的项目，需要引起高度关注。

（2）保障公众知情权。在规划、环评、核准以及其他行政审批或行政许可中，根据《行政许可法》《环境影响评价公众参与暂行办法》等法律、法规或规章要求，电网企业应提醒和协助政府部门做好公告或其他公众参与程序。

（3）提醒和协助政府机关依法行政。在电网建设行政复议和诉讼案中，一般都要把电网企业列为第三人，实际参与到纠纷程序中去，而且案件败诉会对电网建设工程带来诸多不利。在工程项目的前期审批中，电网企业要提醒和协助政府主管部门按照规范的程序和方式进行项目审批，尤其要注意《行政许可法》规定的听证告知程序，避免诉讼带来法律风险。

案例四：环评批复应依管辖 听证程序并非必需

🅰 案情简述

2002年4月，某省电力公司根据某市电网发展要求，为解决该市市中心用电负荷，向国家电力公司报送了关于220千伏某输变电工程项目的可研报告（该工程是非政府财政投资的220千伏输变电工程，总投资为3.13亿元）。同年6月，国家电力公司批准该项目立项。同年9月，在完成项目选址初选并经过该市规划部门的选址同意后，作为省电力公司指定具体负责220千伏某输变电工程项目建设和管理单位，该市电力局及时委托该省电力设计院编制该项目环境影响报告。2003年3月，该省环境工程技术评估中心组织了该项目环境影响评价大纲的专家审查，并于5月对该项目环境影响评价大纲作出评估意见。同年 8 月，该项目环境影响报告书通过专家评审。2004 年 5 月，省发展和改革委员会对该工程作出初步设计批复。

2004 年 6 月 15 日，省环境保护厅（被告）受理了省电力公司的预审申请，接受了省电力公司随同提交的《关于 220 千伏某输变电工程环境影响报告书预审意见的函》及相关资料，包括国家电力公司、省发展和改革委员会对该工程项目的批准立项、选址、专家及环境工程技术评估机构的技术论证、某输变电工程周边几家单位意见征询表以及环境影响报告书（报批本）、市规划局对某变电所选址同意意见等。2004 年 7 月 1 日省环境保护厅对省电力公司作出某环建〔2004〕128 号《关于 220 千伏某输变电工程环境影响报告书审查意见的函》，同意 220 千伏某输变电工程按拟选地址进行建设。

唐某等 70 余人（原告）获悉后认为该环境影响报告书的许可程序和内容均违反了相关法律法规的规定和要求，没有举行论证会和听证会，省环境保护厅的审批行为违反了级别管辖规定，于 2006 年 6 月 13 日向该市某区人民法院提起诉讼，要求撤销省环境保护厅作出的某环建〔2004〕128 号《关于 220 千伏某输变电工程环境影响报告书审查意见的函》。省电力公司被法院列为第三人参加诉讼。

一审法院经审理认为，被告是省环境保护行政主管部门，《环境影响评价法》规定了建设项目有行业主管部门的，其环境影响评价文件报有审批权的环境保护行政主管部门审批。根据国家环境保护总局发布的《电磁辐射环境保护管理办法》和《建设项目环境影响评价文件分级审批规定》规定，涉案工程总投资虽为 3.13 亿元，但其电压等级为 220 千伏，并不属于国家环境保护总局审批范围。第三人省电力公司在报批涉案工程环境影响报告书时提交了法律规定应当提交的相关资料，也附具了在报批之前对相关单位征求意见、专家和涉案工程周围部分公众的意见，被告经审查后做出的涉案行政行为事实清楚、程序合法。因此被告做出涉案具体行政行为，并未违反级别管辖，主体适格。对原告要求撤销涉案行政行为的请求一审法院不予支持。

原告唐某等 70 人不服一审判决，向市中级人民法院提起上诉。二审法院经审理认为，一审判决认定事实清楚，适用法律正确，审判程序合法，驳回上诉，维持原判。

法律分析

本案经一审、二审结案，两审法院都驳回了原告的诉讼请求。纵观本案，原被告及第三人争议焦点在于：

1. 涉案电网建设项目环评文件审批是否需要经过听证程序

本案原告一审中以省环境保护厅审批涉案环评文件未举行听证会为由主张审批程序不合法。根据《环境保护行政许可听证暂行办法》的规定，征求公众意见有调查公众意见、咨询专家意见、座谈会、论证会、听证会等形式。听证会并非征求公众意见的唯一形式，也并非本案环境影响评价文件审批的必经程序。

2. 省环保部门是否属于越权审批

国家环境保护总局发布的《电磁辐射环境保护管理办法》和《建设项目环境影响评价文件分级审批规定》明确规定，对于非政府财政投资的电力建设规模总投资 2 亿元及以上的 330 千伏及以上输变电工程，其环境影响评价文件由国家环境保护总局审批。涉案工程总投资虽为 3.13 亿元，但其电压等级为 220 千伏，并不属于国家环境保护总局审批范围。因此本案中环保部门不属于越权审批。

启示建议

公众参与是环境影响评价相当重要的一环，也是最敏感的部分。这需要电网建设单位和公众开诚布公地充分沟通，积极答疑解惑。

1. 项目建设单位须重视环评文件审批过程中的公众参与

根据《环境影响评价公众参与暂行办法》，环评文件审批过程中公众参与的义务主体有两个，一是建设单位或者其委托的环境影响评价机构，二是环境保护行政管理部门。建设单位或者其委托的环境影响评价机构在编制环境影响报告书的过程中，环境保护行政主管部门在审批或者重新审核环境影响报告书的过程中，应当按照法律规定，公开有关环境影响评价的信息，征求公众意见。但国家规定需要保密的情形除外。

2. 环境影响评价应当严格按照规定进行

环境影响评价过程较为复杂，我国对环境影响要求颇为严格，不仅对建设项目环境影响评价进行分类管理，而且对于不同类型的项目，向环境保护行政主管部门报批环境影响评价文件的时段有不同要求，同时又规定了公众参与以及重新报批环境影响评价文件，重新审核等，这些也是环境影响评价诉讼案件的争议热点，所以，电网企业务必要严格按照规定开展相关工作。

第三章　用地许可的法律风险

随着现代化进程的不断推进，我国可利用土地资源日趋紧张，政府和人民高度重视土地使用情况。电网建设是关乎国计民生的建设工程，需要占用土地资源。在依法治国和依法治企的背景下，规范用地许可，防范法律风险具有重要意义。

第一节　项 目 用 地 许 可

一、项目用地许可概述

用地预审，是指国土资源管理部门在建设项目审批、核准、备案阶段，依法对建设项目涉及的土地利用事项进行的审查。根据《建设项目用地预审管理办法》（国土资源部令第 68 号　2016 年修订）的规定，建设项目用地实行分级预审。需人民政府或有批准权的人民政府发展和改革等部门审批的建设项目，由该人民政府的国土资源主管部门预审。需核准和备案的建设项目，由与核准、备案机关同级的国土资源主管部门预审。应由国土资源部预审的电网建设项目，国土资源部委托项目所在地的省级国土部门受理，但该项目若占用规划确定的城市建设用地范围内土地的，则委托市级国土部门受理，受理后提出初审意见转报国土资源部。涉密军事项目和国务院批准的特殊建设项目，可直接向国土资源部提出预审申请。其中应当由国土资源部负责预审的输电线路塔基等小面积零星分散电网建设用地，由省级国土部门预审并报国土资源部备案。

二、项目用地许可规定

根据《国务院关于发布政府核准的投资项目目录（2016 年本）的通知》（国发〔2016〕72 号文）和《国土资源部办公厅关于下放部分建设项目用地预审权限的通知》（国土资厅发〔2013〕44 号）的规定，相应电压等级的电网建设项目用地预审权限具体如下：涉及跨境、跨省（区、市）输电的±500 千伏及以上直流项目，涉及跨境、跨省（区、市）输电的±500 千伏、750 千伏、1000 千伏交流项目，由国务院投资主管部门核准，其中±800 千伏及以上直流项目和 1000 千伏交流项目报国务院备案，相应的建设项目用地由国土资源部预审。应当由国土资源部负责预审的电网建设项目输电线路塔基等小面积零星分散建设项目用地，由省级国土资源管理部门预审，并报国土资源部备案。其中±800 千伏及以上直流项目和 1000 千伏交流项目应按照国家制定的规划核准，由省级或相应的地方国土资源主管部门办理。

第二节　项目用地法律风险防范

一、项目用地许可法律风险分析

（一）变电站站址用地法律风险

根据《土地管理法》（2004 年修订）和《建设项目用地预审管理办法》（国土资源部令第 68 号　2016 年修订），在变电站站址没有纳入省市土地利用总体规划情况下，若要具体实施工程项目，政府就需要按照"占补平衡"的原则调整土地总体利用规划，层层报批甚至要举行听证会来进行建设用地转换，这将导致变电站建设需经历漫长的规划调整审批周期。但若不办理建设用地转换手续，变电站建设用地在法律上就面临"无凭无据"风险。同时随着《物权法》（主席令 62 号 2007 年实施）的实施，针对电网项目先开工再补办相关手续现象，土地权利人随时可以用影响其开发租赁、居民收入等原因阻挖施工，以电网企业侵犯权利人地役权而将其告上法庭，给企业正常合法经营带来风险。

（二）线路通道用地与地表权利人关系处理方式的法律风险

电网企业在线路通道内对地表权利人限制的传统做法，主要是依据有关电力法规，无须征得相关权利人同意，也无须补偿。但这种权利限制尚缺乏《民法通则》（2009 年修订）、《民法总则》和《物权法》的有效支持。

（1）相邻关系权不足以调整电网企业和线路通道内地表权利人的关系。相邻关系权是相邻的不动产权利人在行使权利时，相互间依法应给予方便或接受限制而发生的权利义务关系。但适用相邻关系权的前提是输电线路为不动产，但对此属性，目前法律尚无定论，故适用相邻关系权有不确定性。此外，根据《民法通则》第八十三条"不动产的相邻各方，应当按照有利生产、方便生活、团结互助、公平合理的精神，正确处理截水、排水、通行、通风、采光等方面的相邻关系。给相邻方造成妨碍或者损失的，应当停止侵害，排除妨碍，赔偿损失。"可以看出，相邻关系权是法律对邻近不动产利用所做最低限度的调节，因此即使电网属于不动产，但因对地表权利人的限制程度较大，溢出了相邻关系的调整范畴。

（2）《物权法》中现有的地役权利制度适用难度大。理论上，对线路走廊下地表权利人的限制，是在他人不动产之上设立的以不动产所有人或使用人不作为为主要内容的权利，可以地役权定性，但具体适用该地役权制度时，尚有以下问题：是否要求长达数千米的输电线路走廊下的全体土地权利人都来作供地役人；供役地人都同意并签署地役权合同是否可能；地役权一般都是固定期限，如何解决与电网线路永久性设施的矛盾等。因此，运用现行地役权制度反而会使电网企业与线路走廊下地表权利人的关系更为复杂。

（三）电网建设用地补偿法律风险

1. 补偿方式协议的风险

补偿方式协议是补偿事项的重要凭证，如果缺少书面形式或协议内容不规范，则给协议双方带来风险。

2. 征地补偿标准费用的风险

在《物权法》实施后，除土地补偿费、安置补助费、地上附着物和青苗的补偿费等费用外,《物权法》所要求的"安排被征地农民的社会保障费用""保障被征收人的居住条件""保障被征地农民的生活"等具体标准和内容尚未明确,如被征地农民的社会保障费用包括哪些内容以及如何保障被征地人的居住条件,这些问题都可能成为电网建设的法律风险。此外,杆塔用地"一次补偿,永久用地"的不征地、永久限制的传统方式,在省政府没有出台相关法规明确杆塔建设占地、征收的转用不办理审批手续的情况下,由于物权未发生转移,一定的期限后物权所有人有理由根据物价因素、土地升值等原因要求补偿费用增加。

二、项目用地许可法律风险防范

(一)积极与各级政府沟通协调争取政策支持

目前电网建设相关的征占用地、拆迁工程项目管理补偿、青苗补偿等问题存在立法缺陷,而这一缺陷在短时间内将是难以消除的。在这种困局之下,电网企业只能发挥自身优势,推动省市地方政府用行政制度的力量来予以弥补。从政策层面观察,当前电网建设的外部行政环境对电网建设的支持力度不断加大,电网企业应紧紧抓住这一有利时机,从以下几个方面推动省市政府出台电网建设若干绿色通道的规定。

1. 要明确拆迁及补偿的实施模式

目前电网建设拆迁、补偿工作是以电网企业为主导的,需要与众多被拆迁补偿对象谈判,并在此环节花费了大量的时间和精力。为如期完成电网建设任务,电网企业在补偿金额上不得不做出让步,导致补偿费用往往超出预算。对此,应重新定位政府、电网企业、被拆迁补偿方三方的角色:政府由从前的见证人身份成为拆迁补偿的承办者,补偿费用预算由工程沿线各级政府包干使用。这样的补偿实施模式,引入了行政力量主导,是对原有工作模式的改进和优化,可以保证补偿费用可控、在控。

2. 要明确统一补偿原则及经济补偿标准

明确变电站土地按照城市基础设施用地出让,架空电力线路保护区不实行征地,并根据电力设计规程进行拆迁和补偿等。这样,前述因法律冲突或适用标准不统一而导致的实际操作中的争议和模糊问题都可以迎刃而解。

3. 要明确各行政部门管理职能的协调机制和权益配置

电网建设与公路、铁路、林区、市政、航道、桥梁等其他设施相互妨碍时，如何协调解决是老问题。地方政府在出台相关政策、制度时应切实维护规划的权威性和严肃性，严格按照规划在先的原则，由后建者承担已建项目的迁移与补偿费用。同时，对于电网建设项目涉及的相关行政性收费，应执行有关优惠政策。如跨越等级公路、河流但不构成对被跨越物实质性占用的，不再收取跨越费；电力线路走廊跨越林区的，可免办征占用林地手续，不再收取线路走廊林地占用费。

（二）强化应对法律纠纷的常态机制

1. 先协商、调解优先

电网建设施工过程中遇到法律纠纷时，应坚持原则和适当变通相结合，促进社会矛盾纠纷更多地通过非诉讼、非对抗的方式妥善解决。电网企业应克服"摆平"心态，对属于自身责任的敢于面对，及时采取治理、补偿、拆迁等措施，尊重他人合法权益。

2. 充分举证，从容应诉

诉讼是解决纠纷的最后选择。对于阻挠电网建设、造成项目停工损失的，电网企业应在第一时间保全证据，包括证明电网建设项目合法性的证据以及证明电网建设项目与相邻物之间的距离符合国家相关法律和技术规程的证据，找准适用的法律法规，依法维权。对于电力行业的各类技术规程，可委托具有解释权的机构向法院出具专业意见，也可向法院出示相关同类案件的判决文书，增加采信度。有关权威机构的专业意见以及同类案件判决文书判例有助于对案件事实及法律关系的正确认定。

（三）建议修订完善电力法规建立公共地役权制度

1. 建议开展修订完善电力法规

在依据法律法规操作业务的同时，尽快开展电力管理领域的立法修订工作，要消除电力法律体系内部存在的不一致，特别是法规与技术规程、技术标准的不一致。另外，应积极研究电力法律法规与其他法律的冲突，向国家立法机关提出跨行业、跨领域的立法修订建议。

2. 推动建立公共地役权制度

我国的相邻关系权和地役权制度，还不能有效解决线路走廊建设中与地表权利人的矛盾。但根据电网线路走廊建设所具有的明显的公共利益性，若能由法律直接规定、法院判决设定或者行政机关设定公共地役权，则在当前相邻关系无法调整、地役权制度又不能实际适用的情形下，是解决线路通道矛盾的最佳途径。因此电网企业有必要同相关主管部门一道，内外结合，积极参与推动公共地役权制度的设立。

第三节 典型案例评析

案例五：用地预审提前办理 避免行政处罚风险

案情简述

某市供电公司建设某庄 35 千伏变电站工程，需占用该村庄土地，因未及时办理用地预审手续，被该市国土资源局某区分局（被告）认定违法用地。该市国土资源局该区分局于 2009 年 4 月 29 日做出了该市国土监字（2009）12 号土地违法案件行政处罚决定书，认定：该市供电公司未经审批，于 2005 年 3 月占用该区某镇某村庄土地建设办公用房等永久性建筑物，占用面积 17200 平方米（25.8 亩），构成非法占地的事实，依据有关法律规定决定：没收违法占用土地上的建筑物和其他设施，并按每平方米 7 元罚款，共处 12.04 万元罚款。

该市供电公司不服该行政处罚决定，向该市人民法院提起行政诉讼，认为该市国土资源局区分局做出的行政处罚行为违法，请求人民法院依法撤销该行政处罚决定。

法律分析

在本案中，双方的争议焦点主要在两个方面：

1. 工程项目是否必须办理用地预审

原告占用土地建设变电站及相关办公住房、职工住房，办理了建设项目选址、平面规划等项目手续，办理了文物调查、勘探工程基建许可证等审批手续，并取得国土资源局部门选址内未压覆重要矿产资源的批复，还在发展计划局办理了建设项目备案确认书。但在向国土资源局管理部门申请变电站建设用电许可证时，被告知"该项目建设用地报批前，应到国土资源部门办理建设用地预审手续，未经预审不得征收土地。"但原告无有效证据证明已经向土地管理部门提出了建设用地预审申请，而按照我国项目建设相关法律法规，取得用地预审是取得用地许可的前提和基础。因此，建设单位在项目审批过程中应重视项目用地预审许可的取得。

2. 关于行政处罚程序合法性的问题

履行事先告知的程序，是为了让当事人充分行使陈述和申辩的权利。一般来说，《行政处罚事先告知书》中会告知当事人，在几日内进行陈述申辩，逾期未陈述申辩的，视为无陈述申辩意见。除非当事人书面表示放弃陈述申辩权，行政主体在此时限之后作出行政处罚决定才是合法的。本案中，行政主体对行政相对人作出行政处罚行为，书面的《行政处罚事先告知书》与《行政处罚决定书》的落款日期是同一天，且未取得行政相对人在规定时限内放弃陈述和申辩权利的书面证明。虽然被告之前进行了口头告知，但口头告知并不产生法律效力，从而构成具体行政行为程序违法，因此，法院判决该行政处罚无效并予以撤销。

⊙ 启示建议

本案行政处罚最终依法撤销，市供电公司得以胜诉，对于类似工作很有警示作用，具体如下：

（一）建设项目用地需先取得用地预审

根据《建设用地审查报批管理办法》（国土资源部令第 69 号 2016 年修订）和《某省建设用地审查报批管理办法》规定，任何单位在建设项目可行性论证时，建设单位都应当向建设项目批准机关的同级土地行政主管部门提出建设用地预审申请，提出用地预审申请后按照程序还需履行用地申请、用地申请审查、用地文本编制、上级部门用地审查、审批、征用土地、供地等程序，建设单位才可以取得合法的建设用地使用权。因此，原告需首先提出建设用地预申请。

（二）遭受行政处罚应关注行政执法程序是否合法

企业在遭受行政机关行政处罚时，首先要关注其行政行为是否符合程序。例如本案中，被告拟对原告进行行政处罚，但在正式作出决定前，只是通过电话催促和提醒原告应办理用地预审申请，否则将对其罚款，原告相关负责人口头上答应尽快办理。在诉讼中，原告律师正是抓住了被告该具体行政行为在程序上未充分保障原告陈述权和申辩权的问题，虽然被告在处罚事实依据和法律适用方面都正确，但该行政处罚行为仍因程序违法而被撤销。

第四章　水土保持的法律风险

"绿水青山就是金山银山"。在经济建设中，做好水土保持，防止水土流失，保护生态环境，做到在发展中既要金山银山，又要绿水青山，实现人与自然和谐发展。

我国自然条件多样、地形复杂，大型电网建设项目必然对当地的水土保持和生态环境造成或大或小的影响，做好水土保持方案并严格实施，是在电网建设中实践"两山理论"最好的脚注。本章主要介绍水土保持方案编制、审批，以及应当避免的法律风险和防范措施，并结合典型案例的介绍和启迪，为电网项目建设顺利推进提供法律保障。

第一节　项 目 水 土 保 持

一、项目水土保持概述

法律上所称水土保持，是指对自然因素和人为活动造成水土流失所采取的预防和治理措施。电网建设项目水土保持主要是针对预防因人为因素造成的水土流失。

《水土保持法》（2010 年修订）第二十五条第一款规定，在山区、丘陵区、风沙区以及水土保持规划确定的容易发生水土流失的其他区域开办可能造成水土流失的生产建设项目，生产建设单位应当编制水土保持方案，报县级以上人民政府水行政主管部门审批，并按照经批准的水土保持方案，采取水土流失预防和治理措施。没有能力编制水土保持方案的，应当委托具备相应技术条件的机构编制。

根据此规定，在容易发生水土流失的区域建设电力项目，开发建设单位应当编制水土保持方案，并按照规定报相应的水行政主管部门审批。如发生重大变动，应按照当地水行政主管部门的规定，重新履行相应的报批手续，报原审批机关批准。根据《水土保持法》（2010 年修订）第二十五条第三款规定，"重大变化"包括：

（1）水土保持方案经批准后，生产建设项目的地点、规模发生重大变化；

（2）水土保持方案实施过程中，水土保持措施需要做出重大变更。

水土保持方案的形式根据建设项目占地面积或者挖填土石方总量可以分为项目水土保持报告书和项目水土保持报告表。《开发建设项目水土保持方案编报审批管理规定》（2005 年修订）第四条规定，凡征占地面积在一公顷以上或者挖填土石方总量在一万立方米以上的开发建设项目，应当编报水土保持方案报告书；其他开发建设项目应当编报水土保持方案报告表。各省、自治区、直辖市水行政主管部门可以在不同《水土保持法》及相关法规相抵触的前提下制定细化规定。

虽然建设项目水土保持方案的形式不尽相同，但完整的项目水土保持方案的内容都应当包括生产建设项目概况、水土流失预防和治理的范围、目标、措施和投资等内容。水土流失防治的责任范围，包括生产建设项目永久占地、临时占地及由此可能对周边造成直接影响的面积；水土流失防治目标，在根据项目类别、地貌类型、项目所在地水土保持重要性和敏感程度，合理确定扰动土地整治率、水土流失总治理度、土壤流失控制比、拦渣率、林草植被恢复率、林草覆盖率等目标；水土流失防治措施，根据项目特性及项目区自然条件、造成的水土流失特点，采取工程措施、植物措施、临时防护措施和管理措施；水土保持投资，根据国家制定的水土保持投资编制规范，估算各项水土保持措施投资及相关的建设费用。

二、项目水土保持方案

（一）项目水土保持方案编制

根据《开发建设项目水土保持方案编报审批管理规定》（2005 年修订）第

十条规定，编制符合审批条件的水土保持方案应当具备：

（1）符合有关法律、法规、规章和规范性文件规定。

（2）符合《开发建设项目水土保持方案技术规范》等国家、行业的水土保持技术规范、标准。

（3）水土流失防治责任范围明确。

（4）水土流失防治措施合理、有效，与周边环境相协调，并达到主体工程设计深度。

（5）水土保持投资估算编制依据可靠、方法合理、结果正确。

（6）水土保持监测的内容和方法得当。

（二）项目水土保持方案审批

应当编制水土保持方案的电网建设单位，应当向有审批权的水行政主管部门提交书面申请和水土保持方案报告书或者水土保持方案报告表。根据《开发建设项目水土保持方案编报审批管理规定》（2005年修订）第八条规定，水行政主管部门审批水土保持方案实行分级审批制度。

中央立项，且征占地面积在五十公顷以上或者挖填土石方总量在五十万立方米以上的开发建设项目或者限额以上技术改造项目，水土保持方案报告书由国务院水行政主管部门审批。中央立项，征占地面积不足五十公顷且挖填土石方总量不足五十万立方米的开发建设项目，水土保持方案报告书由省级水行政主管部门审批。地方立项的开发建设项目和限额以下技术改造项目，水土保持方案报告书由相应级别的水行政主管部门审批。水土保持方案报告表由开发建设项目所在地县级水行政主管部门审批。跨地区项目的水土保持方案，报上一级水行政主管部门审批。

根据《开发建设项目水土保持方案编报审批管理规定》（2005年修订）第九条第二款规定，有审批权的水行政主管部门受理申请后，应当依据有关法律、法规和技术规范组织审查，或者委托有关机构进行技术评审。水行政主管部门应当自受理水土保持方案报告书审批申请之日起二十日内，或者应当自受理水土保持方案报告表审批申请之日起十日内，做出审查决定。但是，技术评审时间除外。对于特殊性质或者特大型开发建设项目的水土保持方案报告书，二十日内不能做出审查决定的，经本行政机关负责人批准，可以延长十日，并应当将延长期限的理由告知申请单位或者个人。

各省、自治区、直辖市水行政主管部门在不同《水土保持法》及相关法规相抵触的前提下制定细化规定。

（三）项目水土保持设施设计施工及验收

水土保持设施是指具有预防和治理水土流失功能的各类人工建筑物的总称，水土保持设施的管理和维护的责任主体是其所有权人或者使用权人，可以是自然人、法人或其他组织。

依法应当编制水土保持方案的电网建设项目单位，根据批准后的水土保持方案进行电网建设工程项目水土保持设施的设计、施工，并按规定对项目工程水土保持实施监理和做好水土保持监测工作。

电网建设项目水土保持设施设计、施工、投入使用应当遵循"三同时"要求。根据《水土保持法》（2010 年修订）的规定，依法应当编制水土保持方案的生产建设项目中的水土保持设施，应当与项目建设主体工程同时设计、同时施工、同时投产使用；生产建设项目竣工验收，应当验收水土保持设施；水土保持设施未经验收或者验收不合格的，生产建设项目不得投产使用。水土保持"三同时"制度是生产建设项目从始至终、全过程履行防治水土流失义务的制度保证。水土保持设施验收是生产建设项目竣工验收的专项验收，并且是建设项目投产使用的前置条件：电网建设项目投产使用前，水土保持设施必须是经验收合格的。

2017 年 9 月，《国务院关于取消一批行政许可事项的决定》（国发〔2017〕46 号）取消了各级水行政主管部门实施的生产建设项目水土保持设施验收行政许可事项，转为生产建设单位按照有关要求自主开展水土保持验收。根据规定，电网建设单位自 2017 年 9 月 22 日起不用再向水行政主管部门申请水土保持设施的验收审批，自行组织第三方有资格的机构编制水土保持设施验收报告，形成水土保持设施验收鉴定书，并明确验收结论：水土保持验收合格的，通过竣工验收，投产使用；对验收不合格的项目，电网建设单位应当限期整改，直至验收合格，方可竣工验收，投产使用。

（四）公开水土保持验收合格情况和验收资料报备

除按国家规定或者企业规定需要保密的情形外，电网建设单位应当在水土保持设施验收合格后，在其官网或者其他便于公众知悉的方式向社会公开水土保持验收鉴定书、水土保持设施验收报告和水土保持监测报告，便于公众知悉。对于公众反映的问题和意见，电网建设单位应当及时给予处理。

电网建设单位应当在向社会公开水土保持设施验收材料后、生产建设项目投产前，向水土保持方案审批机关报备水土保持设施验收材料。

第二节　项目水土保持法律风险防范

一、项目水土保持方案的法律风险分析

（一）依法应当编制却未编制水土保持方案或者水土保持方案未经批准

根据《水土保持法》，生产建设项目在山区、丘陵区、风沙区以及水土保持规划确定的容易发生水土流失的其他地区，应当编制水土保持方案。电网建设项目是重要的基础设施建设和公共服务设施建设。大型输电线路工程、大型变电站工程大多建设在山区、丘陵区等易发生水土流失的生态脆弱地区。所以，根据规定电网建设项目应当编制水土保持方案，但未编制水土保持方案或者水土保持方案未经水行政主管部门批准的，不得开工建设。

违反规定的，根据《水土保持法》（2010 年修订）第五十三条的规定，由县级以上人民政府水行政主管部门责令停止违法行为，限期补办手续；逾期不补办手续的，处五万元以上五十万元以下的罚款；对生产建设单位直接负责的主管人员和其他直接责任人员依法给予处分。《开发建设项目水土保持方案编报审批管理规定》（2005 年修改）第十三条规定，水土保持方案未经审批擅自开工建设或者进行施工准备的，由县级以上人民政府水行政主管部门责令停止违法行为，采取补救措施。当事人从事非经营活动的，可以处一千元以下罚款；当事人从事经营活动，有违法所得的，可以处违法所得三倍以下罚款，但是最高不得超过三万元，没有违法所得的，可以处一万元以下罚款，法律、法规另有规定的除外。

（二）水土保持方案编制不符合规定

1. 水土保持方案编制的主体不符合规定

凡从事有可能造成水土流失的开发建设单位和个人，必须编报水土保持方案，编制单位和个人必须熟悉国家有关法律法规和技术规范规程，必须具备相应的技术能力和业务水平；没有能力编制水土保持方案的，应当委托具备相应技术条件的机构编制。

根据水土保持学会发布的《生产建设项目水土保持方案编制单位水平评价管理办法》（中水会字〔2017〕第023号）规定，对水土保持方案编制单位由原先的资质等级管理变更为星级评价管理，申请评价的主体并不限于中国水土保持学会的会员单位。对水土保持方案编制单位水平评价实行星级评价，分为一星级到五星级，五星级为最高等级。星级高低是生产建设项目水土保持方案编制单位工作能力和技术实力的体现。不同星级等级根据从业单位的技术人员配备、业绩、从业时间和信用程度。

2. 水土保持方案编制的内容不符合技术规范要求

无论是水土保持方案报告书还是水土保持方案报告表，虽然内容和格式不完全相同，但都应当符合《开发建设项目水土保持方案技术规范》（GB 50433—2008）和有关规定。

根据建设部和国家质检总局2008年1月4日发布的《开发建设项目水土保持方案技术规范》（GB 50433—2008）的规定，水土保持方案报告书应包含以下内容：

（1）综合说明。

（2）水土保持方案编制总则。

（3）项目概况。

（4）项目区概况。

（5）主体工程水土保持分析与评价。

（6）防治责任范围及防治分区。

（7）水土流失预测。

（8）防治目标及防治措施布设。

（9）水土保持监测。

（10）投资估算及效益分析。

（11）实施保障措施。

（12）结论及建议。

（13）附件、附图、附表。

水土保持方案报告表主要包含以下内容：①项目概况；②可能造成水土流失的情况；③水土保持措施及投资情况；④编制单位及编制人员情况。

不管水土保持方案报告书还是水土保持方案报告表，不符合《开发建设项目水土保持方案技术规范》（GB 50433—2008）和有关规定，将会影响之后水土保持设施的工程进度。

（三）电网建设项目水土保持方案未按规定审批的管理权限审批

电网建设项目水土保持方案未按规定权限审批的情形包括行政机关没有审批权限而批准或者建设单位向没有权限的行政机关报请审批；也包括行政机关超越权限审批或者建设单位越过应批准的机关向上级机关报批。

根据《开发建设项目水土保持方案编报审批管理规定》（2005 年修改）第八条第一款规定，水行政主管部门审批水土保持方案实行分级审批制度。根据工程建设项目不同立项主体规定相应的水土保持方案审批机关。县级以上地方人民政府水行政主管部门审批的水土保持方案，应报上一级人民政府水行政主管部门备案。

如果行政机关没有职权或者超越法定职权做出准予行政许可的决定，作出行政许可决定的机关或者上级行政机关根据利害关系人的请求或者依职权，可以撤销该行政许可，这必将影响之后水土保持设施工程进度，最终影响电网建设项目的施工和投产，造成人、财、物资源的损失。

（四）经审批的项目地点、规模发生重大变化，未补充、修改水土保持方案或者补充、修改的水土保持方案未经原审批机关批准

水土保持方案经批准后，在工程设计的后续阶段或工程实施期间，电网建设项目的建设地点、建设规模发生变化，属于重大变更将引起水土流失防治责任范围、水土保持防治措施及水土保持设施的变化。因此，电网建设企业应当补充或者修改原审批机关批准的水土保持方案，并按规定程序报原审批机关审批。此外，在水土保持方案实施过程中，水土保持措施发生重大变更的，根据规定应当经原审批机关批准。若电网建设项目的地点、规模发生重大变化而未对水土保持方案进行补充、修改或者补充、修改的水土保持方案未经原审批机关批准的，将会受到行政处罚。县级以上水行政主管部门是生产建设单位水土保持工作的监督部门，根据《水土保持法》（2010年修订）第五十三条规定，由县级以上人民政府水行政主管部门责令停止违法行为，限期补办手续；逾期不补办手续的，处五万元以上五十万元以下的罚款；对生产建设单位直接负责的主管人员和其他直接责任人员依法给予处分。

二、项目水土保持方案实施过程中的法律风险分析

（一）水土保持设施未经验收或者验收不合格将生产建设项目投产使用

根据《水利部关于加强事中事后监管规范生产建设项目水土保持设施自主验收的通知》（水保〔2017〕365号）规定，生产建设单位未按规定取得水土保持方案审批机关报备证明的，视同为生产建设项目水土保持设施未经验收；对核查中发现的弄虚作假，不满足水土保持设施验收标准和条件而通过验收的，视同为水土保持设施验收不合格。

《水土保持法》（2010年修订）第二十七条规定，依法应当编制水土保持方案的生产建设项目中的水土保持设施，应当与主体工程同时设计、同时施工、同时投产使用。水土保持设施未经验收或者验收不合格的，电网建设项目不得投产使用。违反水土保持"三同时"制度规定，根据《水土保持法》（2010年修订）第五十四条，由县级以上人民政府水行政主管部门责令停止生产或者使用，直至验收合格，并处五万元以上五十万元以下的罚款。此外，电网建设项目水土保持设施未经验收或者验收不合格而投入使用，建设单位将面临由此产生的民事法律风险。

（二）在水土保持方案确定的专门存放地以外的区域倾倒砂、石、土、矸石、尾矿、废渣等

电网建设项目占地面积大，在建设过程中，倾倒、挖填等活动是最常见造

成水土流失的活动。电网建设项目尤其是输变电工程占地面积大、跨越范围广，随之产生大量的土石开挖和填筑，由于综合利用程度不高，废弃的砂石、土量巨大，如何利用、堆放弃渣也是水土保持方案审批的重要条件。根据"谁污染谁治理、谁开发谁保护"的原则，《水土保持法》（2010 年修订）第二十八条规定，依法应当编制水土保持方案的生产建设项目，其生产建设活动中排弃的砂、石、土、矸石、尾矿、废渣等应当综合利用；不能综合利用，确需废弃的，应当堆放在水土保持方案确定的专门存放地，并采取措施保证不产生新的危害。

在水土保持方案确定的专门存放地以外的区域倾倒砂、石、土、矸石、尾矿、废渣等行为实际上就是未执行经批准的水土保持方案的行为。根据《水土保持法》（2010 年修订）第五十五条的规定，应由县级以上地方人民政府水行政主管部门责令停止违法行为，限期清理，按照倾倒数量处每立方米十元以上二十元以下的罚款；逾期仍不清理的，县级以上地方人民政府水行政主管部门可以指定有清理能力的单位代为清理，所需费用由违法行为人承担。

（三）电网建设项目损坏水土保持设施、地貌植被，造成原有水土保持功能不能恢复

根据《水土保持法》（2010 修订）第三十二条规定，开办生产建设项目或者从事其他生产建设活动损坏水土保持设施、地貌植被，不能恢复原有水土保持功能，造成水土流失的，应当进行治理，缴纳水土保持补偿费。

违反《水土保持法》（2010 年修订）第五十七条规定，拒不缴纳水土保持补偿费的，由县级以上人民政府水行政主管部门责令限期缴纳；逾期不缴纳的，自滞纳之日起按日加收滞纳部分万分之五的滞纳金，可以处应缴水土保持补偿费三倍以下的罚款。

三、项目水土保持法律风险防范

根据"谁污染谁治理、谁开发谁保护"的原则，开办电网建设项目或者从事其他生产建设活动可能造成水土流失的，应当做好水土保持工作，防止水土流失，保护生态环境。

（一）做好内部管理是控制风险的基础

电网建设单位必须严格按照法律法规的规定，认真做好内部管理工作，做好风险预警和管控，熟悉并遵守《水土保持法》《水土保持法实施条例》以及建设项目所在地的法规规章等相关规定，减少不必要的损失。

（二）电网建设单位应当重视水土保持行政许可工作

目前，在电网建设项目中，进行环境影响评价已被普遍认知，但水土保持评估可能被忽视，虽然并不是每个电网建设项目都必须编制水土保持方案，但根据《水土保持法》（2010 年修订）的规定，在山区、丘陵区、风沙区以及水土保持规划确定的容易发生水土流失的其他区域开办可能造成水土流失的生产建设项目，必须规定编制水土保持方案，报相应的水行政主管部门审批，并按规定公开和报备。

（三）电网建设项目在审批过程中一定要注意审批权限

电网建设前期工作一般涉及立项、规划、水保、灾害、环保、土地等内容，我国的各行政审批部门的权限和层级各不相同。电网建设单位在申请审批前一定要清楚了解各部门的审批权限，向相应级别和权限的机关申请。如果行政机关超越法定职权作出准予行政许可的决定，根据《行政许可法》第六十九条第一款的规定，作出行政许可决定的行政机关或者其上级行政机关，根据利害关系人的请求或者依据职权，可以撤销该行政许可，或者因此提起行政诉讼而被人民法院判决撤销。

（四）环境影响评价报告审批中的水土保持内容不能代替水土保持方案的审批

建设项目环境影响报告书与水土保持方案实行分别审查：环境保护行政主管部门负责审批建设项目的环境影响报告书；水行政主管部门负责审查建设项目的水土保持方案。根据《水土保持法》（2010 年修订）第二十五条规定，在山区、丘陵区、风沙区以及水土保持规划确定的容易发生水土流失的其他区域开办可能造成水土流失的生产建设项目，生产建设单位应当编制水土保持方案，报县级以上人民政府水行政主管部门审批。因此，环境保护部门对水土保持方案没有审批权限，虽然出具了环评意见，但是不能代替水行政主管部门对建设工程项目中水土保持方案的审查。特别强调的是，《环境影响评价法》（2016 年修订）第十七条删除了原第二款"涉及水土保持的建设项目，还必须有经水行政主管部门审查同意的水土保持方案"的规定，改变了原先水土保持方案前置与环境影响评价的规定。

第三节　典 型 案 例 评 析

案例六：环保代替水保审批无效　及时补办手续终合法

案情简述

2008 年 2 月，某市供电公司（被告）为建设 110 千伏输变电工程需要，拟在该市建造变电站。此电网建设工程依法应当编制水土保持方案报告书。2008 年 7 月 25 日，该市环境保护局出具《环境影响评价报告审批意见》，同意变电站工程按照规划的地点和环境影响评价报告中的环境保护措施进行建设。环评报告中包含了水土保持方案内容。2008 年 9 月，该市发展和改革委员会通过了涉案变电站工程的核准。2008 年 12 月，涉案输变电工程周边村民吴某等 28 人（原告）认为，该变电站环保审批不能代替水土保持审批，该变电站位获得水土保持审批即获得核准违反现行法律法规，且该市供电公司在输变电站建设过程中有损坏植被、破坏水土保持设施的行为。为此，原告向该市人民法院提起诉讼，要求市供电公司补办水土保持审批手续，并纠正其在施工过程中破坏植被、破坏水土保持设施的行为。

法院审理认为，涉案工程是电网建设项目，属于电力基础设施，按照水土保持法律法规的规定，该输变电工程在当地属于需要编制水土保持方案并履行报批手续的工程建设项目。市环境保护局负责该工程环境影响评价文件审批，对水土保持方案无审批权限。双方共同委托第三方机构现场勘查后得出结论，涉案变电站工程符合环评及水土保持的要求，实际建设过程中并未违规操作，也未造成水土流失。在法院的调解下，吴某等 28 人撤回了起诉，市供电公司也按规定程序补办了水土保持方案行政许可手续。

⚖ **法律分析**

本案诉讼争议的焦点是：环境影响评价报告审批中的水土保持内容能否代替水土保持方案的审批。

1. 环境影响评价报告审批中的水土保持内容不能代替电网建设项目水土保持方案的审批

《水土保持法》（2010 年修订）第二十六条规定，依法应当编制水土保持方案的生产建设项目，生产建设单位未编制水土保持方案或者水土保持方案未经水行政主管部门批准的，生产建设项目不得开工建设。本案中，环境保护部门虽然出具了环评意见，但其中有关水土保持方案的内容应由水行政主管部门审批，环境保护部门无权对水土保持方案进行审批。水土保持方案的审批权限由县级以上人民政府水行政主管部门享有，其他政府行政机关无权对此进行审批。越权许可将会导致该许可行为违法，许可的内容会被撤销。因此该供电公司涉案变电站的环境影响评价报告包含的水土保持内容不能代替水土保持方案审批。

2. 该电网建设项目的水土保持方案报告书应当向市供电公司所在地的市水行政主管部门提出报批申请

《水土保持法》（2010 年修订）第二十五条第一款规定，在山区、丘陵区、风沙区以及水土保持规划确定的容易发生水土流失的其他区域开办可能造成水土流失的生产建设项目，生产建设单位应当编制水土保持方案，报县级以上人民政府水行政主管部门审批，并按照经批准的水土保持方案，采取水土流失预防和治理措施。没有能力编制水土保持方案的，应当委托具备相应技术条件的机构编制。《开发建设项目水土保持方案编报审批管理规定》（2005 年修订）第八条第三款规定，地方立项的开发建设项目和限额以下技术改造项目，水土保持方案报告书由相应级别的水行政主管部门审批。

本案中，此变电站工程在开工建设工程中可能造成当地水土流失，因此，根据《水土保持法》（2010 年修订）规定，该供电公司应当编制水土保持方案报告书并向市水行政主管部门报请审批。而本案中该市供电公司仅仅在环境影响评价报告中包含了水土保持方案，没有向该市水行政主管部门报请水土保持方案的审批，其行为是违法的。该市供电公司应当立即停止相关建设，及时补办水土保持方案审批手续。

启示建议

（1）社会主义现代化建设"五位一体"中的生态文明建设越来越重要，电网建设项目应当重视水土保持行政许可工作，所以电网企业应当熟悉掌握前期工作中的相关法律法规，了解核准程序，以免引发诉讼风险影响电网建设。

（2）在项目核准工作中，审批或核准主体适格是程序合法的首要前提，将直接影响到审批或核准文件的合法性和有效性。适格主体不仅包括行政机关的性质，也包括行政机关的层级。如果行政机关超越法定职权做出准予行政许可决定，作出行政许可决定的机关或者上级行政机关，根据利害关系人的申请或者依职权可以撤销该行政许可。

（3）目前，我国加强社会信用体系建设，各级水行政主管部门正加快建立完善生产建设单位和技术服务机构水土保持信用评价制度，水土保持违法违规信息将纳入全国水利建设市场信用信息平台，并报送国家统一信用信息平台、记入诚信档案。因此，对依法应当编制水土保持方案的电网建设项目必须依法编制并严格施行，杜绝信用风险。

第五章　文物保护调查的法律风险

保护文物就是保护国家与民族的历史，守住中华民族的根和魂。工程建设项目必须遵守文物保护工作的方针，不得对文物造成损害，如造成损害，其结果是永久的、不可恢复的。本章主要讲述了电网建设过程中可能涉及文物保护的法律风险及相应的防范措施，为电网项目建设项目预防法律风险提供支持和保障。

第一节　项目文物保护调查

一、项目文物保护调查的必要性

电网建设项目多数属于大型工程，项目跨越范围广、地形复杂，在建设过程中可能涉及文物保护的相关问题，建设单位在项目选址规划时应格外注意，必要时充分征求规划部门和文物保护部门的意见和建议，了解项目范围内有无涉及文物保护单位。如果有涉及，应在选址时尽量避开，无法避开时，建设单位应当编制文物保护措施，及时报相应的文物保护主管部门审批。未及时办理文物保护审批手续的，可能导致项目停工限期整改，严重时可能被要求依法拆迁，甚至受到行政处罚；若在施工过程中发现文物的，应及时向文物保护行政主管部门报告。

并非所有的建设项目在选址规划申请时都必须进行文物保护调查。法律没有强制规定所有建设项目选址规划时必须提供文物保护主管部门出具的意见作为核准的必备条件，各地方政府根据当地管理需要作出相应规定。在地方立法中，将文物行政主管部门的意见作为建设单位申请核发选址意见书的必备材料的规定予以删除已成为普遍的做法，如《辽宁省建设项目选址规划管理办法》（2016 年修订），但《吉林省建设项目选址规划管理办法》（2012 年）第八条第五项，依然保留文物行政主管部门的支撑性材料作为项目建设单位申请办理《建设项目选址意见书》时应提交的材料。由此可见，各地规定不尽相同，电网企业在进行投资建设时应严格按照当地的法规提供相应的支撑材料。

二、项目文物保护调查内容

项目文物保护调查涉及三个概念：文物保护单位、文物保护单位的保护范围、文物保护单位的建设控制地带。

文物保护单位是对确定纳入保护对象的不可移动文物的统称，是指具有一定历史、艺术、科学价值的古文化遗址、古墓葬、古建筑、石窟寺和石刻等。根据《文物保护法》（2017 年修订）规定，文物保护单位分为三级，即全国重点文物保护单位、省级文物保护单位和市县级文物保护单位。文物保护单位根据其级别分别由国务院、省级政府、市县级政府划定保护范围，设立文物保护标志及说明，建立记录档案，并区别情况分别设置专门机构或者专人负责管理。

根据《文物保护法实施条例》（2017 年修订）第九条规定，文物保护单位的保护范围，是指对文物保护单位本体及周围一定范围实施重点保护的区域。文物保护单位的保护范围，应当根据文物保护单位的类别、规模、内容以及周围环境的历史和现实情况合理划定，并在文物保护单位本体之外保持一定的安全距离，确保文物保护单位的真实性和完整性。

一旦确定为文物保护单位，原则上其保护范围内不得进行其他建设工程或者爆破、钻探、挖掘等作业；建设工程选址应当尽可能避开不可移动文物；因特殊情况不能避开的，对文物保护单位实施原址保护。

根据《文物保护法实施条例》（2017 年修订）第十三条规定，文物保护单位的建设控制地带，是指在文物保护单位的保护范围外，为保护文物保护单位的安全、环境、历史风貌对建设项目加以限制的区域。

为保持文物保护单位的完整性，在文物保护单位的建设控制地带内进行工程建设应当以保持文物保护单位的历史原貌为原则，不得建设污染文物保护单位及其环境的设施，不得进行可能影响文物保护单位安全及其环境的活动。

第二节　项目文物保护调查法律风险防范

一、项目文物保护调查法律风险分析

（一）文物保护单位保护范围内原则上不得进行重大施工作业

《文物保护法》（2017 年修订）第十七条规定，文物保护单位的保护范围内不得进行其他建设工程或者爆破、钻探、挖掘等作业。但是，因特殊情况需要在文物保护单位的保护范围内进行其他建设工程或者爆破、钻探、挖掘等作业的，必须保证文物保护单位的安全，并经核定公布该文物保护单位的人民政府批准，在批准前应当征得上一级人民政府文物行政部门同意；在全国重点文物保护单位的保护范围内进行其他建设工程或者爆破、钻探、挖掘等作业的，必须经省、自治区、直辖市人民政府批准，在批准前应当征得国务院文物行政部门同意。

根据《文物保护法》（2017 年修订）第六十六条规定，违反法律规定，擅自在文物保护单位的保护范围内进行建设工程或者爆破、钻探、挖掘等作业，尚不构成犯罪的，由县级以上人民政府文物主管部门责令改正，造成严重后果的，处五万元以上五十万元以下的罚款；情节严重的，由原发证机关吊销资质证书。

（二）在文物保护单位的建设控制地带内施工限制

《文物保护法》（2017 年修订）第十八条第二款规定，在文物保护单位的建设控制地带内进行建设工程，不得破坏文物保护单位的历史原貌，工程设计方案应当根据文物保护单位的级别，经相应的文物行政部门同意后，报城乡规划建设部门批准。

《文物保护法》（2017 年修订）第十九条规定，在文物保护单位的保护范围和建设控制地带内，不得建设污染文物保护单位及其环境的设施，不得进行可能影响文物保护单位安全及其环境的活动。对已有的污染文物保护单位及其环境的设施，应当限期治理。

因此，在文物保护单位的建设控制地带内施工的"红线"是，不得对文物造成损害，不得对文物保护单位的原有活动、环境和安全造成影响。

违反规定的，根据《文物保护法》（2017年修订）第六十六条、第六十七条规定，在文物保护单位的建设控制地带内进行建设工程，其工程设计方案未经文物行政部门同意、报城乡建设规划部门批准，对文物保护单位的历史风貌造成破坏尚不构成犯罪的，由县级以上人民政府文物主管部门责令改正，造成严重后果的，处五万元以上五十万元以下的罚款；情节严重的，由原发证机关吊销资质证书。

在文物保护单位的保护范围内或者建设控制地带内建设污染文物保护单位及其环境的设施的，或者对已有的污染文物保护单位及其环境的设施未在规定的期限内完成治理的，由环境保护行政部门依照有关法律、法规的规定给予处罚。

（三）电网规划选址与不可移动文物之间的关系

《文物保护法》（2017年修订）第二十条规定，建设工程选址，应当尽可能避开不可移动文物；因特殊情况不能避开的，对文物保护单位应当尽可能实施原址保护。

实施原址保护的，建设单位应当事先确定保护措施，根据文物保护单位的级别报相应的文物行政部门批准，未经批准的，不得开工建设。无法实施原址保护，必须迁移异地保护或者拆除的，应当报省、自治区、直辖市人民政府批准；迁移或者拆除省级文物保护单位的，批准前须征得国务院文物行政部门同意。全国重点文物保护单位不得拆除；需要迁移的，须由省、自治区、直辖市人民政府报国务院批准。

违反规定的，根据《文物保护法》（2017年修订）第六十六条规定，擅自迁移、拆除不可移动文物的，尚不构成犯罪的，由县级以上人民政府文物主管部门责令改正，造成严重后果的，处五万元以上五十万元以下的罚款；情节严重的，由原发证机关吊销资质证书。

（四）在施工过程中发现文物对取得的建设工程规划许可证、建设工程施工许可证和其他审批手续影响

施工过程中有文物出土，属于偶然事件，不影响依法取得的相关审批手续的合法性，也不影响建设工程的合法性。根据行政法信赖保护原则，行政行为一经做出非有法定事由并经法定程序不得随意撤销、废止或改变。

在施工过程中发现文物，建设单位应当立即暂停施工并报告文物行政部门。此时建设单位负有法律赋予的依法保护文物的义务，应积极采取措施配合文物行政部门开展考古发掘工作。

（五）大型电网建设项目未经考古调查、勘探或者发掘擅自进行工程建设的，建设单位应承担法律责任

《文物保护法》（2017年修订）第二十九条规定，进行大型基本建设工程，建设单位应当事先报请省、自治区、直辖市人民政府文物行政部门组织从事考古发掘的单位在工程范围内有可能埋藏文物的地方进行考古调查、勘探。但没规定未经考古调查、勘探或者发掘擅自进行工程建设的处理。《文物保护法实施条例》（2017年修订）对此情形也未明确规定。但是，在各地方人大出台的地方性法规中一般做了两种处罚措施：一是由文物行政部门责令改正；二是处以一定金额的罚款。

如《江苏省文物保护条例》（2017年修订）第四十条规定，违反本条例第二十条规定，未经考古调查、勘探进行工程建设的，由文物行政部门责令改正，造成严重后果的，处以五万元以上五十万元以下的罚款。又如《山东省文物保护条例》（2016年修订）第五十二条规定，违反本条例规定，有下列行为之一的，由县级以上人民政府文物行政部门责令改正，并处五万元以上二十万元以下的罚款；造成文物损毁等严重后果的，处二十万元以上一百万元以下的罚款：

（1）未征求文物行政部门的意见，在地上、地下文物丰富的地段进行基本建设工程的。

（2）未经考古调查、勘探，擅自进行占地二万平方米以上的大型基本建设工程或者在地下文物保护区、历史文化名城范围内进行工程建设的。

再如《浙江省文物保护管理条例》（2014 年修订）第五十七条规定，违反本条例第三十二条、第三十三条规定，未经考古调查、勘探或者发掘擅自进行工程建设，或者阻挠考古发掘单位进行考古工作的，由县级以上人民政府文物行政部门责令改正，造成严重后果的，处五万元以上五十万元以下的罚款。

（六）在电网建设项目施工过程中发现文物隐匿不报或拒不上交的，建设单位或个人应承担法律风险。

在施工过程中发现的文物属于国家所有，一切单位和个人都有保护文物的义务。国家对发现文物并及时上报或者上交的单位或个人依法予以奖励，违反规定，发现文物隐匿不报或者拒不上交的行为属于妨害文物管理秩序的行为，根据《文物保护法》（2017 年修订）第七十四条规定，尚不构成犯罪的，由县级以上人民政府文物主管部门会同公安机关追缴文物；情节严重的，处五千元以上五万元以下的罚款。

二、项目文物保护调查法律风险防范

（一）对文物保护审批手续及时办理或者补办

根据《文物保护法》（2017 年修订）的规定，目前生产建设项目涉及文物保护的只有 4 项行政许可，一是文物保护单位保护范围内其他建设工程或者爆破、钻探、挖掘等作业审批；二是文物保护单位建设控制地带内建设工程设计方案审批；三是文物保护单位原址保护措施审批；四是文物保护单位的迁移或拆除审批。

在开展报批的过程中，也应区分行政机关行为的性质，确定其做出的行为是否是行政许可的行为，从而避免未经许可的情况发生，以免引起纠纷。

在以往的案例中，法院将补办文物保护审批手续视为"责令改正"的一种方式，因此，建设工程的文物保护审批在开工后补办是法院认可的合法行为，此种做法在实践中也较为常见。因此，必须对文物保护审批手续予以重视，依法提前办理或补办才能确保工程依法合规进行。

（二）在文物保护单位范围内进行工程建设，工程规划方案、文物保护方案必须充分论证，科学合理

根据《文物保护法》（2017 年修订）的规定，文物保护单位的保护范围内

原则上不得进行其他工程建设，因特殊情况必须进行工程建设的，须就三个方面进行审查，在文物保护单位保护范围内进行该工程建设是否有替代方案、工程建设是否危及文物保护单位安全、工程建设中制定的文物保护措施是否恰当。并且须经核定公布该文物保护单位的人民政府批准，在批准前应当征得上一级人民政府文物行政部门的同意。

（三）电网建设项目涉及文物原址保护的，建设单位应当事先编制文物原址保护措施，未经批准的，不得开工建设

电网建设项目在进行规划设计前，应将工程可能涉及的文物保护作为重点考虑的方面，建设工程选址应当尽量避开不可移动文物，确因工程建设无法避开的，会同文物保护单位编制文物原址保护措施。同时需注意，根据《文物保护法》（2017 年修订）第二十条第二款的规定，文物原址保护措施由建设单位制定，但实践中，文物行政部门在进行文物原址保护措施审批时，往往要求该文物原址保护措施需报相应的文物行政部门批准。建设单位在项目建设前需了解政府机关对此类行政许可事项的具体操作流程规定。此外，2017 年修订的《文物保护法》删除了"文物保护措施应将原址保护措施列入工程可行性研究报告"的规定。

（四）大型电网建设项目需要办理文物保护调查、勘探的流程规定

有的电网建设项目属于大型基本建设工程，项目跨越范围广、地形复杂。《文物保护法》（2017 年修订）第二十九条规定，进行大型基本建设工程时，建设单位应事先报请省级人民政府文物行政部门组织考古调查、勘探。根据《关于基本建设项目和大中型划分标准的规定》（国家计委、国家建委、财政部 1978 年 4 月 22 日发布）规定，33 万伏以上送变电工程属于大型基本建设工程。办理文物保护调查、勘探的流程规定如下：

（1）电网建设项目前期工作中，一般是在取得建设项目选址意见书后，按照国家及地方有关法律法规的规定，向相应文物行政主管部门提出对工程建设范围内进行文物影响评价的申请。

（2）由文物行政主管部门统一部署和安排具体文物保护工作，通常委托具有相关发掘资质的考古研究单位进行实地调查，制作工程涉及范围用地文物影响评价报告、考古调查及文物保护规划报告。

（3）工程方与考古发掘单位签订文物保护工作协议书，考古发掘单位开展考古工作。

（4）考古工作完成后，考古发掘单位向工程方提交文物保护工作报告，文物行政主管部门向工程方提供关于允许工程施工的函件。

（五）大型电网建设项目文物调查、勘探施工过程中发现文物时的处理

根据《文物保护法》（2017 年修订）第二十九条、第三十二条规定，考古调查、勘探中发现文物的，由省、自治区、直辖市人民政府文物行政部门根据文物保护的要求会同建设单位共同商定保护措施；遇有重要发现的，由省、自治区、直辖市人民政府文物行政部门及时报国务院文物行政部门处理。文物调查、勘探、工程施工过程中发现古文化遗址、古墓葬、石窟寺的，该文物属于国家所有，任何单位和个人都有依法保护该文物的义务，不得哄抢、私分、藏匿。

建设单位应当配合文物行政部门做好保护措施，协助做好考古发掘工作，所需费用列入建设单位工程预算。

《文物保护法》（2017 年修订）第三十二条规定，在进行建设工程或者在农业生产中，任何单位或者个人发现文物，应当保护现场，立即报告当地文物行政部门，文物行政部门接到报告后，如无特殊情况，应当在二十四小时内赶赴现场，并在七日内提出处理意见。文物行政部门可以报请当地人民政府通知公安机关协助保护现场；发现重要文物的，应当立即上报国务院文物行政部门，国务院文物行政部门应当在接到报告后十五日内提出处理意见。

第三节　典型案例评析

案例七：工程建设应避文物　公函非行政许可

🔵 案情简述

2005 年 6 月，某市供电公司（第三人）拟建 110 千伏某输变电工程项目，向省电力公司递交《110千伏某输变电工程项目可行性研究报告》。2005年7月，省电力公司做出批复，同意某市供电公司进行该项目建设。2005年8月，市供电公司向有关政府部门申报项目各项审批手续。2005年12月，该项目取得市规划局核发的项目选址意见书，市供电公司就该项目工程设计方案征求该市文物局意见，并递交了立项批准文件、建设项目勘察设计红线范围图等材料。市文物局（被告）受理了市供电公司递交的相关材料后认为，该工程输变电线路某段曾在2000年有文物出土记录，需报请省文物局进行考古调查、勘探。且该输变电线路途经地下文物埋藏区，市供电公司在划定项目勘察设计红线前未征求文物保护部门意见，该输变电工程应重新进行规划选址选线。

2006年1月，市供电公司重新进行110千伏某输变电工程项目勘察设计，经过实地考察、征求规划部门和文物保护部门的意见后编制了新的工程设计方案，偏离市文物局划定的地下文物埋藏区50米。后市供电公司重新就工程设计方案报该市文物局进行建设工程文物保护专项审批，市文物局于2006年2月3日做出《关于100千伏某输变电工程项目无压覆文物的说明》（某文物函〔2006〕005号文件）。后该项目先后取得建设规划许可证等手续，并于2006年3月开工建设。

2006年4月，输变电线路某段附近居民钱某（原告）等5人以该工程建设不利于文物保护为由向市人民法院提起行政诉讼，请求法院撤销市文物局做出的《关于100千伏某输变电工程项目无压覆文物的说明》。

法律分析

本案的诉讼焦点在于：文物保护行政部门针对项目建设出具的《无压覆文物的说明》是否属于行政许可。

行政许可是指行政机关根据公民、法人或者其他组织的申请，经依法审查，赋予或确认行政相对人从事某种活动的法律资格或法律权利，准予其从事特定活动的具体行政行为。无压覆文物的说明是指建设单位的工程，项目的选址不在文物保护单位的保护范围和建设控制地带内，建设设计方案不涉及文物保护，也不涉及地下文物埋藏区。无压覆文物的说明只是证明一定的事实，并未赋予相对人实体权利、义务，也未对其他人的权利造成影响。因此，文物保护行政部门出具无压覆文物的说明不属于行政许可行为。文物保护行政主管部门审查出具无压覆文物的说明只是作为城乡规划部门在审查市供电公司的电网建设项目工程设计方案的参考。

启示建议

1. 划定项目勘察设计红线前应征求文物保护部门的意见

随着城乡建设的发展，城市规划与文物保护的矛盾日益凸显。电网建设在促进经济社会发展时不能以牺牲文物保护为代价，文物保护的社会公共利益要优先于工程建设的社会公共利益。这就要求电网建设企业在进行工程建设时，不但要就相关事项向文物保护部门征求意见，同时要求在选址选线时充分考虑文物保护这一因素，避免因此造成工期延误及工程设计方案不必要的改变，以免增加投资成本。

2. 电网企业在开展项目报批过程中要区分行政机关行政行为的性质

行政机关的行政许可行为具有法定性。根据《文物保护法》（2017年修订）的规定，只有建设项目途经文物保护范围或建设控制地带时，文物保护行政主管部门做出的允许建设、原址保护措施、迁移文物和大型工程建设中的考古、发掘等审批才属于行政许可。电网企业在开展项目报批过程中，应区分行政机关行为的性质，从而避免未经许可情况的发生。

3. 文物行政部门做出的关于输变电工程无压覆文物的说明或无压覆文物同意建设的函不具有可诉性

文物行政部门做出无压覆文物的说明的函是否是具体行政行为，是否具有可诉性在诸多案例中法院的态度尚无一致性：有的法院认为文物行政部门做出此类函的行为直接影响到涉案工程能否顺利取得建设工程规划许可，与原告具备法律上的利害关系，因此具有可诉性；有的法院认为文物行政部门做出无压覆文物的函没有对相对人设定相关的权利义务关系，只是对客观情况的说明，并且，此类函不在文物行政部门设定的行政许可范围内，不属于行政许可，因此不具有可诉性。

文物行政部门做出的无压覆文物的说明或函只是证明建设单位的工程设计方案不涉及文物保护的内容，项目选址不在文物保护单位的保护范围和建设控制地带内，也不涉及地下文物埋藏区。此类无压覆文物说明只是证明一定的事实，并未赋予相对人任何实体权利义务，出具的是客观性意见，该意见报由城乡规划部门审查电力项目工程设计方案时做参考，不属于行政许可，不具有可诉性。

第六章 矿产压覆处理的法律风险

我国矿产资源总量大，但人均占有量低，是一个资源相对贫乏的国家。在电网项目建设过程中，必然会出现建设项目或规划项目实施后致使已查明的矿产资源不能开发利用的情况。本章主要讲述了电网项目在矿产压覆处理过程中可能存在的法律风险及相应的防范措施，为电网建设项目预防法律风险提供支持和保障。

第一节 项目矿产压覆处理

一、项目矿产压覆处理概述

压覆矿产资源是指因建设项目实施后导致矿产资源不能开发利用的矿产资源，但是建设项目与矿区范围重叠而不影响矿产资源正常开采的，不作压覆处理。《国土资源部关于进一步做好建设项目压覆重要矿产资源审批管理工作的通知》（国土资发〔2010〕137号）对此进行了阐述。根据《矿产资源法》（2009年修订）和《矿产资源法实施细则》（国务院令第152号）有关规定，所有电网建设项目都需要向所在省、自治区、直辖市地质矿产主管部门了解拟建工程所在地区矿产资源分布和开采情况，如果发现有压覆矿产资源的，必须进行压覆矿产资源评估。《国土资源部关于进一步做好建设项目压覆重要矿产资源审批管理工作的通知》（国土资发〔2010〕137号）规定，凡申请办理土地预审或用地审批的，要按照有关规定，提交省级国土资源行政主管部门出具的未压覆重要矿产资源证明或压覆重要矿产资源储量登记有关材料。否则，不予受理其用地申请。压覆矿产资源评估工作由建设单位根据有关工程建设规范确定建设项目压覆矿产资源的范围，委托具有相应地质勘查资质的单位编制建设项目压覆矿产资源评估报告。编制建设项目压覆矿产资源评估报告的单位应取得相应的地质勘查资质证书，分不同级别，分别承担不同类型的压覆矿产评估工作。在土地利用总体规划确定的城市建设用地范围内，已办理压覆重要矿产资源储量预登记的，不再办理项目压覆重要矿产资源审批手续。但市县国土资源行政主管部门应在出让或划拨用地前，到省级国土资源行政主管部门办理压覆重要矿产资源登记手续。

二、项目矿产压覆处理规定

电网建设项目办理压覆矿产资源评估手续，涉及《矿产资源法》（2009年修订）和《矿产资源法实施细则》（国务院令第152号）有关规定。《矿产资源法》（2009年修订）第三十三条规定，在建设铁路、工厂、水库、输油管道、输电线路和各种大型建筑物或建筑群之前，建设单位必须向所在省、自治区、直辖市地质矿产主管部门了解拟建工程所在地区的矿产资源分布和开采情况。非经国务院授权的部门批准，不得压覆重要矿床。《矿产资源法实施细则》（国务院令第152号）第三十五条规定，建设单位在建设铁路、公路、工厂、水库、输油管道、输电线路和各种大型建筑物前，必须向所在地的省、自治区、直辖市人民政府地质矿产主管部门了解拟建工程所在地区的矿产资源分布情况，并在建设项目设计任务书报请审批时附具地质矿产主管部门的证明。在上述建设项目与重要矿床的开采发生矛盾时，由国务院有关主管部门或者省、自治区、直辖市人民政府提出方案，经国务院有关主管部门提出意见后，报国务院计划行政主管部门决定。

第二节 项目矿产压覆处理法律风险防范

一、项目矿产压覆处理法律风险分析

（一）线路压覆矿产建设手续不完备

电网企业在项目施工过程中存在压覆矿产情形，而在此之前未与矿业公司达

成协议，且未在国土资源部门备案。工程建设前置程序瑕疵，未办理工程建设规划许可证等手续，影响工程合法性。根据《国土资源部关于进一步做好建设项目压覆重要矿产资源审批管理工作的通知》（国土资发〔2010〕137号）规定，建设项目压覆已设置矿业权矿产资源的，新的土地使用权人还应同时与矿业权人签订协议，协议应包括矿业权人同意放弃被压覆矿区范围及相关补偿内容。

（二）行政许可程序或结果受公众质疑，面临被行政诉讼的法律风险

在全面依法治国的新形势下，政府行政监管力度日趋严厉，公民的法律维权意识不断加强，矿产压覆、环评的公众参与等敏感环节愈发引起公众关注，若压覆矿产区域缺少法定程序、缺失相关法律证照，则可能触发规划建设行政许可纠纷和行政案件。

（三）因相邻权纠纷，面临民事诉讼的法律风险

在项目建设过程中，审批手续繁多，需要协调的利益关系较为复杂，若线路架设对他人矿产资源相邻权造成妨害或损害，而又缺失相关法律手续，相关权利方可能会以线路建设侵犯其相邻权为由，诉请法院判令建设单位排除妨害、恢复原状以及赔偿损失。

二、项目矿产压覆处理法律风险防范

（一）应勘探未勘探，前期工作有瑕疵

在进行压覆矿产资源调查与评估时，建设单位需要向各个等级的主管部门对资源规划、分布与开采情况进行查询，明确矿业权的设置要求，以免出现不必要的问题，影响建设项目正常开发。根据《矿产资源法》（2009年修订）和《矿产资源法实施细则》（国务院令第152号）有关规定，所有电网建设项目都需要向所在省、自治区、直辖市地质矿产主管部门了解拟建工程所在地区矿产资源分布和开采情况，如果发现有压覆矿产资源的，必须进行压覆矿产资源评估。

（二）严格按照规划建设，调整规划应重新履行手续

严格按照规划路径建设，确需调整的应履行相关规划、用地、环评等相关行政审批手续。环保部《关于印发〈输变电建设项目重大变动清单（试行）〉的通知》（环办辐射〔2016〕84号）规定，建设单位自项目开工建设前应当对工程最终设计方案与环评方案进行梳理对比，构成重大变动的应当对变动内容

进行环境影响评价并重新报批，一般变动只需备案。即可以理解为，电网建设工程项目在线路路径优化调整后，若是构成重大变动，应重新做环评、无压覆矿证明、用地审批等行政审批手续，在电网建设工程项目政策处理中存在纠纷或工程建设过程中存在阻挠施工等现象时尤其应当引起重视。如果确实无法确定是否需要履行重新审批的手续，应当及时向主管部门询问，且最好采取书面的形式获得回复。即使在诉讼中，也可以向主管部门询证，如果取得肯定答复的，尽快补办审批手续。而从法院而言，如果确实不是因为故意不补办审批手续，可从公共利益的角度出发，不宜判决撤销相应的行政许可。

对由于政府协调更改路径的，应留存协调会议纪要等有关书面证据。同时注意做好占地补偿工作，与相邻主体达成协议，尽量避免产生纠纷。应认真做好路径实际踏勘工作，避免高压线路与易燃易爆等设施安全距离不足问题，从源头上实现风险管控。应加强工程项目档案管理，以便能够有充足资料证明电力设施与其他相邻设施的先后关系。

（三）加强舆论宣传工作，形成电网建设属于公共利益的社会共识

电网服务于公共利益的定位对电网建设及维护至关重要。为此，电网企业应采取多种形式，通过多种渠道争取全社会达成电网建设属于公共利益的共识，为保障和便利电网建设项目奠定法律和社会基础。电网企业要积极与政府有关部门及相关科研机构合作，就电网建设项目的性质开展广泛而深入的研究，为形成电网建设项目服务于公共利益的共识奠定理论基础。同时，要通过积极有效的社会宣传，将上述研究成果予以推广和转化，创造形成共识的理论基础。要通过电网企业的亲和、为民服务和负责守信的企业形象，奠定电网建设服务于公共利益及社会公众这一共识的群众基础。

第三节　典型案例评析

案例八：调整线路重新审批　公共利益应当考虑

案情简述

2004 年 12 月 29 日，某县叶蜡石矿取得叶蜡石采矿权。2013 年 3 月 18

日，某特高压交流输变电工程获得国家发展和改革委员会的核准批复。2013年4月26日，某省电力公司将特高压交流工程的线路工程发包给案外人施工。2014年8月20日，某县叶蜡石矿到案涉线路工程项目部反映。1000千伏交流输电线路A号桩与B号桩之间的电线跨越其矿区。经核实，该输电线路路径确与某县叶蜡石矿矿区范围存在冲突。2014年12月26日，案涉特高压交流输变电工程正式投运。某县叶蜡石矿以其不能正常爆破采矿为由提起诉讼，请求判令某省电力公司立即拆除建立在其采矿区域内的输电线路。一审法院认为，特高压交流输变电工程系经国家发展和改革委员会依法核准批复、依法建设的国家重点工程，投资巨大且已竣工并正式投入运营，如拆除将会给国家利益、社会公共利益造成重大损失，故对某县叶蜡石矿的诉讼请求不予支持。二审法院认为，即使某省电力公司建设支桩和架设电线的行为构成对某县叶蜡石矿采矿权的妨害，但考虑到案涉工程在满足省与省之间联网送电需要及提高区域电网供电可靠性方面发挥的重要作用，且该工程投资巨大并已正式投入运营，如拆除，必将对该省电力供应造成重大影响，电力供应不仅涉及叶蜡石矿的经济利益，更涉及社会公共利益。二审法院判决驳回上诉，维持原判。

📖 法律分析

1. 电网企业在建设项目中涉及矿产资源压覆审批时应当避免程序上的瑕疵

在建设铁路、工厂、水库、输油管道、输电线路和各种大型建筑物或者建筑群之前，建设单位须向省级国土资源主管部门了解拟建工程所在地区的矿产资源分布和开采情况。非经国务院授权的部门批准，不得压覆重要矿床。矿床压覆人未经审批评估、与矿业权人签订补偿协议、办理矿产资源储量登记等法定程序，在采矿权人矿区范围内建设工程，压覆矿产资源，侵害了矿业权人的合法利益。

2. 电网建设工程涉公共利益，强制拆除不予支持

就侵权责任的承担方式而言，人民法院裁判应综合考虑输电线路等国家重点建设工程关涉国家利益和社会公共利益，投资巨大并已投入运营等因素，不宜径行判令拆除。在矿业权人仅请求排除妨碍的情形下，人民法院应予以充分释明，告知其可另行主张适当的责任方式，兼顾国家利益、社会公共利益和矿业权人的合法权益，适应国家产业政策与社会经济发展需要。

本案有两点指导意义。一是司法裁判中整体与局部的利益衡量问题。针对所涉特高压交流输变电工程已正式投入运营的既成事实，司法裁判考量的是社会公共利益与叶蜡石矿的经济利益之间的平衡，一审和二审都依法保障整体公共利益的优先地位。二是司法裁判中法官释明权的行使。一审法院并未直接依原告请求以拆除建立在其采矿区内的输电线路作为责任承担方式，而是通过法官释明告知当事人可另行主张适当的责任方式。这种处理方式是利益衡量的结果，既兼顾社会公共利益，也为矿业权人合法权益的实现提供可能。

🅰 **启示建议**

1. 电网建设前期工作要扎实

本工程纠纷主要原因是电力设计院在线路路径优化调整后，未重新做环评、无压覆矿产资源证明、用地审批等行政审批手续。具体表现为以下几个方面：

（1）优化调整后的新路径未做压覆矿产资源评估和批复。涉案线路原路径已做压覆矿产资源评估（除站址外国土部门未批复），但调整后的新路径未做压覆矿产资源评估和批复。

（2）路径批复不能代替无压覆矿产资源证明及压覆矿产资源评估。县国土局在路径批复中明确标注了"避开矿山开采，不得在矿体上设塔基"，但未引起第三人电力设计院的重视，未单独向县国土局做压覆矿产资源评估并申请无压覆矿产资源证明，因为路径批复不能代替无压覆矿产资源证明及压覆矿产资源评估。

（3）线路路径调整后未补报规划、环评等审批手续。涉案线路路径优化调整后，项目前期有关规划选址、环评、用地等手续未重新审批。

因此在电网工程建设中，规划、环评、土地、压覆矿产资源、核准等工作，应当依法合规，精准到位，避免给后续环节带来被动。尤其是在电网建设工程项目政策处理中存在纠纷或工程建设过程中存在阻挠施工等现象时尤其应当引起重视。

2. 防范工程后续运维和审计隐患

政策处理不顺利，会给工程后续安全运行、维护检修带来很大麻烦。同时，政策处理补偿理由不充分，补偿程序不完备，直接会影响到政策处理的合法性。在善后处理中，法律部和建设部密切配合，在补偿谈判、补偿程序、补偿内容等方面提前作了防范，避免了工程运维和审计隐患。

第七章　项目核准的法律风险

随着我国持续开展简政放权工作，市场活力得到有效激发，推动了项目核准不断优化改革。项目核准是电网建设项目非常重要的一个环节。依法推进项目核准工作对整个电网建设项目具有重要意义。

第一节　项　目　核　准

一、项目核准的发展过程

关于电网建设项目的前期工作，经历了从审批制到核准制的改革。2004年7月，随着政府职能转变的推进和行政审批制度改革的深化，国务院出台《国务院关于投资体制改革的决定》（国发〔2004〕20号），规定"对于企业不使用政府投资建设的项目，一律不再实行审批制，区别不同情况实行核准制和备案制""企业投资建设实行核准制的项目，仅需向政府提交项目申请报告，不再经过批准项目建议书、可行性研究报告和开工报告的程序""政府有关部门要制定严格规范的核准制度，明确核准的范围、内容、申报程序和办理时限，并向社会公布，提高办事效率，增强透明度。"

为确立企业投资主体地位，规范企业投资项目管理，各省（直辖市、自治区）大都根据《关于投资体制改革的决定》（国发〔2004〕20号），制定了本省（直辖市、自治区）的企业投资项目核准和备案管理办法。以浙江省为例，2005年9月8日浙江省人民政府办公厅以浙政办发〔2005〕73号文件转发了浙江省发改委《浙江省企业投资项目核准和管理暂行办法》，明确了企业投资项目的核准范围、操作流程及附属文件等内容，企业投资项目省级核准流程基本上分为三个步骤：一是企业"申报"，二是主管部门"核准"，三是到有关部门"办理相关手续"。随着政府简政放权、职能转变的改革深化，国务院、国家发展改革委相继发布了一系列精简核准工作的改革措施，并设立"投资项目在线审批监管平台"实现核准并联，目前前期核准的审批事项已经得到了大幅度的减少。

二、项目核准最新规定

2017年3月22日国家发展改革委公布了《企业投资项目核准和备案管理办法》（以下简称《办法》），自2017年4月8日起施行。《办法》指出，对关系国家安全、涉及全国重大生产力布局、战略性资源开发和重大公共利益等项目，实行核准管理，其他项目实行备案管理。《办法》所称企业投资项目是指企业在中国境内投资建设的固定资产投资项目，包括企业使用自己筹措资金的项目，以及使用自己筹措的资金并申请使用政府投资补助或贷款贴息等的项目。2017年3月27日国家能源局发布《关于深化能源行业投融资体制改革的实施意见》（国能源改〔2017〕88号），指出能源投资项目核准只保留选址意见和用地（用海）预审作为前置条件，除法律法规明确规定的，各级能源项目核准机关一律不得设置任何项目核准的前置条件，不得发放同意开展项目前期工作的"路条"性文件。

《国务院关于发布政府核准的投资项目目录（2016年本）的通知》（国发〔2016〕72号）规定需核准的电网工程：涉及跨境、跨省（区、市）输电的±500千伏及以上直流项目，涉及跨境、跨省（区、市）输电的500千伏、750千伏、1000千伏交流项目，由国务院投资主管部门核准，其中±800千伏及以上直流项目和1000千伏交流项目报国务院备案；不涉及跨境、跨省（区、市）输电的±500千伏及以上直流项目和500千伏、750千伏、1000千伏交流项目由省级政府按照国家制定的相关规划核准，其余项目由地方政府按照国家制定的相关规划核准。《企业投资项目核准和备案管理条例》（国务院令第673号

2017年施行）规定法律、行政法规规定办理相关手续作为项目核准前置条件的，企业应当提交已经办理相关手续的证明文件。

第二节　项目核准法律风险防范

一、项目核准法律风险分析

（一）未按规定履行核准手续或者未取得项目核准文件

《企业投资项目核准和备案管理条例》规定，企业在项目核准、备案以及项目实施中的违法行为及其处理信息，通过国家社会信用信息平台向社会公示。应申请办理项目核准但未取得核准文件的，相关信息列入项目异常信用记录，并纳入全国信用共享平台。

（二）以不正当手段申请项目核准

《企业投资项目核准和备案管理办法》（2017年施行）规定，企业以分拆项目、隐瞒有关情况或者提供虚假申报材料等不正当手段申请核准、备案的，项目核准机关不予受理或者不予核准、备案，并给予警告。《企业投资项目核准和备案管理条例》（2017年施行）规定，以欺骗、贿赂等不正当手段取得项目核准文件，尚未开工建设的，由核准机关撤销核准文件，处项目总投资额1‰以上5‰以下的罚款；已经开工建设的，依照前款规定予以处罚；构成犯罪的，依法追究刑事责任。

（三）未取得项目核准即开工建设

《企业投资项目核准和备案管理条例》规定，实行核准管理的项目，企业未依照本条例规定办理核准手续开工建设或者未按照核准的建设地点、建设规模、建设内容等进行建设的，由核准机关责令停止建设或者责令停产，对企业处项目总投资额1‰以上5‰以下的罚款；对直接负责的主管人员和其他直接责任人员处2万元以上5万元以下的罚款，属于国家工作人员的，依法给予处分。

（四）法律法规未及时修改或存在冲突

国务院及其部门的规范性文件虽对前置审批事项进行了修改，而相应的法律法规、规章制度却未及时进行修订，导致核准的前置审批事项的具体内容不明确。如按照《关于印发精简审批事项规范中介服务实行企业投资项目网上并联核准制度工作方案的通知》（国办发〔2014〕59号）的规定以及修改后的《环境影响评价法》（2016年修订），前置审批事项只有规划选址和用地预审，但是目前《公共机构节能条例》（2017年修订）的第二十条第二款仍要求节能评估和审查；《取水许可和水资源费征收管理条例》（2017年修订）第二十一条仍要求取得取水申请批准文件；《地质灾害防治条例》（2004年实施）第二十一条第一款仍要求地质灾害危险性评估；《河道管理条例》（2018年修订）第十一条第一款仍要求河道影响审批等。关于前置审批事项的调整，是以国务院、国家发展改革委的"通知""决定"等形式做出，其效力仅是国务院或其部门的规范性文件。而在相应的法律、法规、规章等尚未进行相应修改的情况下，产生冲突时只能依据上位法优于下位法的原则解决。《立法法》虽对效力等级有原则性规定，但也存在一些效力的争议，导致核准的前置审批内容不明确。

上述《工作方案》中同样要求，在确认需要修改的法律、行政法规和规章、规范性文件后，国务院法制办提出修改相关行政法规的建议，于2015年6月底前按程序报批；国务院法制办于2015年6月底前报国务院，由国务院提请全国人大常委会修改相关法律。如果暂时不能修法，由国务院向全国人大常委会建议暂停执行相关法律条款，同时抓紧推进修法程序；地方人民政府提请地方人大常委会修改相关地方性法规。而在目前的情况下，相应的法律、法规、规章、规范性文件未及时做出修改，又缺乏统一的关于电网核准所需前置审批文件的书面规定，导致企业在申请核准时存在不确定的因素，也加大了审批机关腐败的可能性。

此外，法律、行政法规、部门规章对需要前置审批的情形、时间的规定存在冲突。如在关于水土保持方案的审批的规定中：1991年全国人大常委会通过、2010年修订的《水土保持法》第二十五条规定，在山区、丘陵区、风沙区以及水土保持规划确定的容易发生水土流失的其他区域开办可能造成水土流失的生产建设项目，生产建设单位应当编制水土保持方案，报县级以上人民政府水行政主管部门审批，并按照经批准的水土保持方案，采取水土流失预防和治理措施。没有能力编制水土保持方案的，应当委托具备相应技术条件的机构编制。1993年国务院发布、2011年修订的《水土保持法实施条例》第十四条规定，在山区、丘陵区、风沙区修建铁路、公路、水工程，开办矿山企业、电力企业和其他大中型工业企业，其环境影响报告书中的水土保持方案，必须先经水行政主管部门审查同意。1995年水利部发布、2005年修改的《开发建设项目水土保持方案编报审批管理规定》第二条规定，凡从事有可能造成水土流失的开发建设单位和个人，必须编报水土保持方案。其中，审批制项目，在报送可行性研究报告前完成水土保持方案报批手续；核准制项目，在提交项目申请报告前完成水土保持方案报批手续；备案制项目，在办理备案手续后、项目开工前完成水土保持方案报批手续。经批准的水土保持方案应当纳入下阶段设计文件中。2002年全国人大常委会通过的《环境影响评价法》第十七条第二款规定，涉及水土保持的建设项目，还必须有经水行政主管部门审查同意的水土保持方案。而2016年全国人大常委会《关于修改〈中华人民共和国节约能源法〉等六部法律的决定》第五项对《环境影响评价法》做出修改，删去了第十七条第二款。因此，对于一个项目到底是否需要编报水土保持方案，在上述规定不完全一致的情况下，有可能发生要求不一致的情形。

（五）前置审批协调难度大，政府支持力度不够

虽然政府部门已经对前置审批的内容不断进行精简，逐步下放权力，转变职能，但因前期核准涉及不同的行政许可事项，需要国家电网有限公司、属地省电网企业的协调沟通、共同推进，在省级、国家级主管部门之间层层审批，需要耗费大量的时间。而且因为目前的前置审批需要在不同的区域分别进行，而非国家电网有限公司对所有不同区域的项目申请整体审批，势必需要花费较多时间。此外，还存在一项为另一项前置条件的情形（如选站选线评审前置）。并且随着国家对基本建设项目核准要求的严格规范，特别受土地利用、地方城乡规划、工业布局等影响，以及资源紧缺、环境承载能力下降等因素，电网项目用地、输电线路通道等工程建设外部条件落实工作难度加大。而且，因为每一个项目都有其特殊性，没有固定的范例可循，这也大大增加了前期核准的工作难度。

前置审批顺利进行的关键在于取得政府相关部门的支持和协调。在一些省份，政府对于特高压电网建设的重视程度还不够。电网企业在审批过程中遇到问题，也无法直接寻求政府协调和帮助。此外，还存在"国家电网有限公司各业主建设单位在建设用地审批和使用中与地方政府沟通协调不够，地方政府对国家建设用地支持力度不大，有时会被迫改线，影响项目进度"的情况。在实践中，也存在政府部门要求电网建设项目的部分工程进行变更的情形。这种情况下只有靠与政府的充分沟通，征得相关部门的理解和支持。

（六）环保工作开展难度大

随着社会的发展以及公众环保意识的加强，大家对电网建设项目产生的环境影响日益关注。尤其针对特高压电网，在建设初期曾经受到过不少学者、民众的反对。社会公众对环保的呼声越来越高，法律也对建设项目的环评工作做出了更严格的要求，如上述《环境影响评价法》（2016 年修订）要求，对环境可能造成重大影响、应当编制环境影响报告书的建设项目，在环评报批前应当征求有关单位、专家和公众的意见。而部分地方的单位和群众，对电网的电磁感应存在误解，抗拒在其居住周边内建设输变电站以及输电线路，致使电网建设项目受阻。例如，处在广西某市市区中心的广西电网某输变电站，由于环评手续的影响，在规划选址上被拖延了三年多的时间，最终经过地方政府和电网企业的艰苦协调才最终开工，从开始计划、立项、选址到最终建成投运，前后经历了 6 年多的时间。

目前，社会公众对电力设施的电磁感应导致疾病的问题存在误解，且部分变电站附近、高压线下存在感应电压，因此极易产生电磁环境纠纷。按照《侵权责任法》的规定，环境污染案件实行举证责任倒置。也就是说，受害者只要举证证明其个人遭受人身、财产损害以及其居所附近有高压输变电设施即可，而电网企业需要举证证明电磁环境与受害人的损害之间没有因果关系。受害者一旦举证损害，供电企业有较大可能将承担赔偿损失、征收补偿、赔偿精神损失等法律风险。

《环境影响评价法》（2016 年施行）等都对环评程序做出了具体的要求。目前，也已经出现了许多案件，原告以环评没有征求公众意见、程序存在瑕疵为由诉请撤销环评批复。如在某市东湖区政苑小区业主委员会诉省环保局撤销其做出的环评审批意见的案件中，原告以第三人省电网企业未根据被告的要求做好与项目利害关系人的沟通与宣传工作为由，主张环境评价文件审批程序违法。其指向目标就是环评审批中的公众参与程序。在唐某等70人诉省环保局要求撤销其做出的环评审查意见的案件中，原告以省环保局审批涉案环评文件未举行听证会为由主张审批程序不合法。

随着许多环评中的公众参与"走过场"新闻被曝出，日后对环评公众参与的要求将进一步严格，也对特高压建设提出了进一步的挑战。如在最近的《建设项目环境影响评价公众参与办法（征求意见稿）》中，就明确了建设单位作为环评公众参与的唯一责任主体，将公众参与篇章从环评中独立出来，对环评公众参与征求意见的范围也进行了明确，信息公开方面将网络和现场张贴公示作为刚性要求。

（七）建设过程中线路变更产生纠纷

在项目取得核准后的实际建设中，有时会出现需要变更线路路径的问题。出现这种问题的原因，可能是设计原因，如勘察设计深度不够，设计的路径不合理导致变更；也可能是其他非设计原因，如政府规划变更、要求迁线等。在这种情况下，就面临是否重新审批的问题。重新审批，势必消耗人力物力，拖延建设时间，但如果不重新审批，则相邻权人或其他利益主体可能以未重新审批为由，要求撤销相应的行政许可。

何种范围内的线路调整需要重新审批，法律没有明确规定。按照《城乡规划法》（2015年修订），规划条件变更，即需重新提出申请，而且需要符合控制性详规，重新取得建设规划许可证，这是明确规定的。但是，在《建设项目用地预审管理办法》（2017年施行）、《环境影响评价法》（2016年修订）中对重新申请的要求中，什么是土地预审、环境评价中"重大调整"以及"重大变动"，都没有相应的具体解释。在实践中，除变动十分明显，如跨区跨地域以外，从经济利益考虑，电网企业都不会主动办理变更。但如果有利益相关方启动诉讼，法院拥有自由裁量权，这为电网建设增加了不确定性。同时，如果线路调整后需重新办理审批，应当办理哪些审批，具体程序如何，也没有明确的规定。在没有规定的情况下，电网企业往往只能按照原来报批的程序，重新进行审批，时间成本很大。

二、项目核准法律风险防范

（一）推动纳入各级政府规划，争取政府土地支持

在浙江地区的实践中，省电网企业编制了"十三五电力规划"，上报给省建设厅，建设厅做整体总规时就会考虑予以配套。而且这个规划往往是按市县两级做的，省建设厅也会进行行政体系和电力专业体系的对接。因为选址意见书、土地预审是以规划为依据的，电网规划纳入各级政府规划后，电网企业在前期审批工作中就掌握了主动权，尤其在土地指标非常紧缺的情况下，纳入各级政府规划能够大大化解政府土地支持方面的障碍。

（二）推动制定地方性条例，明确政府职责

如在浙江省，2014年7月1日开始施行的《浙江省电网设施建设保护和供用电秩序维护条例》是在国家电网、省电网企业的不断推动下出台的。目前，福建省、四川省、湖南省等也制定了类似的"条例"。以浙江省为例，该"条例"明确规定，县级以上人民政府应当协调电网设施规划、建设相关的重大事项；县级以上政府应当按照电网设施空间布局专项规划，安排和预留相应的电网设施用地、架空电力线路走廊和地下、水底电缆通道；电网设施建设项目涉及土地、房屋征收的，由政府组织实施并给予征收补偿；政府应当对电力线路保护区予以公告；政府相关部门应当采取措施保护电网设施等。纵观整个条例，一方面规定了电网企业的义务，另一方面也对电网企业及电力设施予以充分的保护。而且该条例对政府的职责做出了明确的规定，有利于划清权责，加快前期审批事项的办理。建议其他省份也积极推动当地的地方性法规出台，明确政府在电网规划、建设中的职责，在需要政府履行义务时有法可依。

（三）建议建立现代化信息管理平台，应用集约新技术

电网建设工程项目应当与时俱进，积极开发现代化信息技术，构筑信息管理平台，实现电网项目的前期核准工作进程，文件全部集中化、透明化管理，既有利于各部门间的信息沟通，也有利于对项目的监督和推进。同时，电网建设中多采用集约新技术已经成为城市规划建设中的迫切要求。建议在所址选

择、线路路径方案的设计中，合理利用和盘活现有存量的走廊资源，多采用紧凑型输电技术，推广实行典型设计，努力减少电网建设对土地资源的占用，最大限度地避免电磁环境纠纷、规划冲突、土地利用率等负面影响，在充分考虑整体规划的基础上，不断优化设计方案，服务和谐社会发展。

第三节　典型案例评析

案例九：越权核准被判撤销　补办审批难避风险

案情简述

为满足经济开发区用电需求及提高土地利用效率，某市某区供电局（第三人）拟对某 110 千伏 JD 线进行改建，2007 年 9 月 25 日，某市某区建设局出具意见，同意 110 千伏 JD 线的路径。某区供电局向某市某区发展和改革局（被告）提出立项申请。2008 年 5 月 22 日，某区发展和改革局做出《关于 110 千伏 JD1010 线单改双工程项目立项的批复》，同意 JD 线改建工程的立项。2008 年 7 月 25 日，该省环境保护局出具《辐射项目环境影响评价文件审批意见》，同意 110 千伏 JD1010 线单改双工程按环评指定地点和规模进行建设。

2007 年 12 月起，某区供电局实施 JD1010 线单改双工程，工程完工后 JD1010 线 110 千伏输电线路于 2008 年 11 月投入运营。该线路经过文汇、高新两个区，跨越了位于文汇区居民于某的房屋。2008 年 9 月 19 日，于某（原告）以某区发展和改革局为被告，以 JD1010 线单改双工程项目核准违规、跨越其房屋严重危害生命健康及合法权益为由，向某区法院起诉，要求撤销《关于 110 千伏 JD1010 线单改双工程项目立项的批复》。受理案件后，人民法院通知区供电局作为第三人出庭。

法律分析

电网工程建设审批实行政府核准制度，各级核准机关有各自的权限，法院可以直接撤销越权审批。本案的焦点在于：

1. 电网工程项目核准主体的核准权限应严格按照现行规定执行

《国务院关于发布政府核准的投资项目目录（2016 年本）的通知》（国发

〔2016〕72号），明确实行核准制的投资项目范围，划分各项目核准机关的核准权限，并根据经济运行情况和宏观调控需要适时调整。项目核准机关，是具有企业投资项目核准权限的行政机关。其中，国务院投资主管部门是指国家发展和改革委员会；地方政府投资主管部门，是指地方政府发展改革委员会（计委）和地方政府规定具有投资管理职能的经贸委（经委）。

目前，330千伏及以上电压等级的电网工程由国务院投资主管部门核准，其余项目由地方政府投资主管部门核准。地方政府各自规定有核准目录的，对330千伏以下电网工程核准权限再次划分。项目核准申请时，根据项目具体情况向具备核准权限的核准机关报批核准文件，以保证项目核准及建设顺利开展。

2. 补办审批存在法律风险

本案中因市场电力需求紧张，区供电局为加快项目建设，在开工建设前并未办理部门审批，试图采取边建设边办理的方式进行。这种现象并非独此一家，许多电网建设项目因为种种原因都如此操作。在实践中，后面补办的审批手续也有被认可的惯例，这也让电网建设单位以为先建后批没有问题。其实这种补办审批的做法存在相当大的法律风险，该电网建设项目随时可能被要求停工，而且建设单位还面临着被罚款等行政处罚。

🟠 **启示建议**

电网建设项目由于向不具备相应行政职权的部门申请许可，虽然由于种种原因获得了许可，但却面临被上级主管行政部门和法院撤销的风险，会导致已经施工的电网建设项目被迫停工，给企业带来损失。

1. 项目审批、核准应依法向有权限的适格部门提出申请

项目核准工作中，适格的主体是程序合法的首要前提，将直接影响到审批或核准文件的合法性和有效性。适格的主体不仅包括行政机关的性质，也包括行政机关的层级。《行政许可法》（2004年施行）第四条规定，设定和实施行政许可，应当依照法定的权限、范围、条件和程序。如果行政机关超越法定职权做出准予行政许可决定，做出行政许可决定的机关或者上级行政机关，根据利害关系人的请求或依职权，可以撤销该行政许可。本案即是这样的情况，按照该省的规定，110千伏电网建设项目应当由省级发展和改革部门进行立项审批，但建设单位却向区发展改革局进行了申请，最后立项批复被迫撤销，给整个工程带来了不利影响。因此项目建设单位应严格按照法律规定，向有审批权限的行政机关申请核发有关文件，以保证审批核准文件合法有效。

2. 电网建设工程开工前必须各证齐全

输变电工程由审批制改为核准制后，电网建设工程前期工作复杂度增加，不仅项目的核准机关有层级之分，而且项目核准前必须经过地方规划、土地、环评、水保、地质灾害等各类审批。目前很多电网建设工程因为供需情况紧张而加快建设，存在先开工后审批的现象，一旦发生纠纷，不仅给建设工程带来麻烦，想"快"却"快"不起来，而且也损害电网企业社会形象。

第八章 招标采购的法律风险

随着管理的进步和程序的规范，电网建设项目越来越多地涉及招投标程序。如何规避招投标过程中的法律风险，已成为电力企业需要着重考虑的问题。

第一节 电网建设项目招标采购活动

电网建设中相关货物、工程和服务的采购，是项目建设的重要一环，与项目的质量、安全息息相关。采购活动按采购方式不同，分为招标采购与非招标采购。

电网建设招标采购是指在电网工程建设中，采购方作为招标方，发出招标公告或投标邀请书，说明采购的条件和要求，邀请特定或不特定的投标人在规定的时间、地点按照一定的程序进行投标，并组织技术、经济和法律等方面的专家对众多的投标人进行综合评审，从中择优选定项目的中标人的行为过程。电网建设项目投资额大，属于关系社会公共利益、公共安全的大型基础设施建设，一般须通过招标方式开展采购活动。非招标采购包括竞争性谈判、单一来源采购和询价采购方式。对于未达必须进行招标标准的货物、服务，可以采用非招标采购方式。

招标采购活动其实质是以较低的价格获得最优的货物、工程和服务的过程。一个完整的招标采购活动由招标、投标、开标、评标、定标、合同签订与履行等阶段组成。

建设工程招标投标工作，必须遵循公开、公平、公正和诚实信用的原则，以技术、管理、信誉、业绩、履约能力、合理报价等条件进行竞争。通过公平交易、平等竞争，从而达到确保工程质量，控制施工周期，降低工程造价，提高投资效益的目的。

根据招标人发布招标信息、邀请潜在投标人参与投标竞争的方式不同，现行的招标形式包括公开招标和邀请招标。公开招标，是指招标人以招标公告的方式邀请不特定的法人或其他组织投标并从中选择中标人的招标方式。邀请招标，是指招标人以发送投标邀请书的方式邀请特定的法人或者其他组织投标并从中选择中标人的方式。

公开招标与邀请招标在信息发布、招标人范围、竞争程度、招标程序等方面均存在较大区别。相比而言，公开招标方式是一种最能体现"公开、公平、公正"的特点，最大限度实现信息公开、充分竞争的招标方式。因此，公开招标在实践中被普遍采用。

随着电网建设项目越来越多地涉及招投标程序，由招投标关系而引发的一系列权利义务纠纷也有日趋增多之势。电网企业要在招标采购活动的各个环节严格把关，遵循公开、公平、公正和诚实信用的原则，防范可能出现的法律风险。

第二节　电网建设项目招标采购的法律风险防范

一、确定招标范围的法律风险防范

(一) 强制招标的项目范围

根据《招标投标法》第三条的规定，强制招标的项目包含：大型基础设施、公用事业等关系社会公共利益、公众安全的项目，全部或者部分使用国有资金投资或者国家融资的项目，使用国际组织或者外国政府贷款、援助资金的项目。这些工程建设项目的勘察、设计、施工、监理以及与工程建设有关的重要设备、材料等的采购，必须进行招标。同时，该法第四条规定，任何单位和个人不得将依法必须进行招标的项目化整为零或者以其他任何方式规避招标。

工程建设项目招标规模标准的要求上，自 2018 年 6 月 1 日起，根据国务院《必须招标的工程项目规定》（国家发展和改革委员会令第 16 号）第五条，本规定第二条至第四条规定范围内的项目，其勘察、设计、施工、监理以及与工程建设有关的重要设备、材料等的采购达到下列标准之一的，必须招标：

（1）施工单项合同估算价在 400 万元人民币以上。

（2）重要设备、材料等货物的采购，单项合同估算价在 200 万元人民币以上。

（3）勘察、设计、监理等服务的采购，单项合同估算价在 100 万元人民币以上。

同一项目中可以合并进行的勘察、设计、施工、监理以及与工程建设有关的重要设备、材料等的采购，合同估算价合计达到前款规定标准的，必须招标。

（注：2018 年 6 月 1 日前应采用已废止的《工程建设项目招标范围和规模标准规定》标准）

除依法必须招投标的建设工程项目，存在以下可以不进行招标的特殊情形。《招标投标法》第六十六条规定，涉及国家安全、国家秘密、抢险救灾或者属于利用扶贫资金实行以工代赈、需要使用农民工等特殊情况，不适宜进行招标的项目，按照国家规定可以不进行招标。《招标投标法实施条例》第九条规定，有下列情形之一的，可以不进行招标：需要采用不可替代的专利或者专有技术；采购人依法能够自行建设、生产或者提供；已通过招标方式选定的特许经营项目投资人依法能够自行建设、生产或者提供；需要向原中标人采购工程、货物或者服务，否则将影响施工或者功能配套要求；国家规定的其他特殊情形。招标人若为适用此项规定弄虚作假的，属于《招标投标法》第四条规定的规避招标情形。

（二）规避招标的法律责任

《招标投标法》第四十九条规定，任何单位和个人不得将依法必须进行招标的项目化整为零或者以其他方式规避招标。违者责令其限期改正，可以处项目合同金额千分之五以上千分之十以下的罚款；对全部或者部分使用国有资金的项目，可以暂停项目执行或者暂停资金拨付；对单位直接负责的主管人员和其他直接责任人员依法给予处分。

凡按照规定应该招标的工程不进行招标，应该公开招标的工程不公开招标的，招标单位所确定的承包单位一律无效。建设行政主管部门按照《建筑法》第八条的规定，不予颁发施工许可证；对于违反规定擅自施工的，依据《建筑法》第六十四条的规定，追究其法律责任。

（三）确定招标范围的法律风险防范

电网建设属于国家基础建设，关系国计民生，电网企业应严格按照《招标投标法》的规定，对于强制招标的项目，通过招标方式开展相关货物、工程和服务的采购工作，禁止通过化整为零或者以其他方式规避招标；对于强制招标范围外的项目，也可根据其实际情况选择非招标方式。

电网企业相关职能部门应严格项目审查，把握项目的实际情况，及时制止违法行为，防止以上情况的发生；加强招标过程管控力度，严肃查处规避问题，以儆效尤。

二、前置性条件不具备的法律风险防范

（一）招标条件不具备的法律风险分析

根据《招标投标法》第八条、第九条的有关规定，招标人开展招标至少应具备以下条件：一是招标人是依法提出招标项目、进行招标的法人或者其他组织；二是如果招标项目按照国家有关规定需要履行项目审批、核准、备案手续的，应当先履行相应手续，并在招标前取得批准、核准或完成备案；三是招标人应当有进行招标项目的相应资金或资金来源已经落实，并应当在招标文件中如实载明。招标条件不具备就进行招标的，由有关行政监督部门责令改正，根据情节处以罚款，情节严重的将导致招标无效。

（二）项目未核准的法律风险分析

招标人必须坚持先办理项目核准手续，后开展招标。对于依据国家有关规定应审批、核准而未经批准、核准的项目，或违反审批权限批准、核准的项目，均不得进行招标。如果未经核准即开始办理招标、签约，法律风险很大，将可能承担行政责任、民事责任甚至刑事责任：一是一旦被政府有关部门查处，将被要求停工整顿或予以行政处罚，从而对招标人造成损失或者负面影

响；二是因项目未核准导致合同无效或合同终止，对设备制造商或设计、施工、监理单位造成损失的，招标人还需承担民事赔偿责任；三是如造成重大损失的，招标人的负责人及相关责任人员还有可能承担行政甚至刑事法律责任。

（三）前置性条件不具备的法律风险防范

为避免上述风险，电网企业在开展招标活动前，应根据《招标投标法》规定，满足前置性招标条件，按项目要求履行审批、核准、备案手续，取得招标所需相关资料，确定落实资金来源并于招标文件中载明，为招标采购活动的顺利开展奠定基础。

三、资格设置不公平的法律风险防范

（一）资格设置不公平的法律风险分析

《招标投标法》第十八条第二款明确规定了招标人不得以不合理的条件限制或排斥潜在投标人，根据《招标投标法实施条例》第三十二条、第六十三条规定，下列行为属于以不合理条件限制、排斥潜在投标人或者投标人：就同一招标项目向潜在投标人或者投标人提供有差别的项目信息；设定的资格、技术、商务条件与招标项目的具体特点和实际需要不相适应或者与合同履行无关；依法必须进行招标的项目以特定行政区域或者特定行业的业绩、奖项作为加分条件或者中标条件；对潜在投标人或者投标人采取不同的资格审查或者评标标准；限定或者指定特定的专利、商标、品牌、原产地或者供应商；依法必须进行招标的项目非法限定潜在投标人或者投标人的所有制形式或者组织形式；依法应当公开招标的项目不按照规定在指定媒介发布资格预审公告或者招标公告；在不同媒介发布的同一招标项目的资格预审公告或者招标公告的内容不一致，影响潜在投标人申请资格预审或者投标；以其他不合理条件限制、排斥潜在投标人或者投标人。

《招标投标法》第五十一条规定，招标人以不合理的条件限制或者排斥潜在投标人的，对潜在投标人实行歧视待遇的，强制要求投标人组成联合体共同投标的，或者限制投标人之间竞争的，责令改正，可以处一万元以上五万元以下的罚款。

（二）资格设置不公平的法律风险防范

为防范此类风险，电网企业在招标过程中应注意避免有意或无意地排斥或限制潜在投标人的情况，设置公平合理的招标资格条件，相关文件发出前由法律人士审核把关。

招标公告、招标文件的有关内容应遵循公开、公平、公正和诚实信用原则，不得对投标人作不合理限制，不得含有倾向性或不合理条件，排斥潜在投标人，违反法律、行政法规的强制性规定。如不得量身定做招标文件，对产品规格型号作限制性要求，使得只有内定企业才符合投标资格条件，限定投标人在投标所在地要有分支机构变相排斥符合条件的外地供应商参与投标，人为设定检测要求，提高投标门槛，限制潜在投标人。

四、串通投标的法律风险防范

（一）投标人串通投标的法律风险分析

根据《招标投标法实施条例》第三十九条规定，投标人相互串通投标的情形包括：投标人之间协商投标报价等投标文件的实质性内容；投标人之间约定中标人；投标人之间约定部分投标人放弃投标或者中标；属于同一集团、协会、商会等组织成员的投标人按照该组织要求协同投标；投标人之间为谋取中标或者排斥特定投标人而采取的其他联合行动。投标人串通投标将干扰招标投标活动的正常秩序，影响公平公正；同时导致中标人质次价高，进而影响项目建设。

（二）串通投标的法律风险防范

为了避免上述风险的发生，电网企业应在招标文件中对不同投标人使用同一单位的资金交纳投标保证金、不同投标人委托同一人办理投标事宜、不同投标人的投标文件内容出现非正常一致，或者报价细目呈明显规律性变化、不同投标人的投标文件载明的项目管理人员出现同一人、不同投标人的投标文件相互混装等情形作出禁止性规定，如果出现则作废标处理。同时在投标中要求投标人提交有关资质证书、人员资格证明文件等原件进行核对；评标时对于报价细目、字体字号、投标文件所用纸张、墨痕等进行仔细对比，查找串标、围标的蛛丝马迹。若发现串标、围标行为，对有关投标人作投标禁入处理，并报有关监管部门。

五、签订合同的法律风险防范

（一）合同"倒签"的法律风险分析

根据《招标投标法》的规定，招标人和中标人应当自中标通知书发出之日起三十日内，签订书面合同。

电网建设招标阶段，部分合同因实际业务问题易出现延迟签订、倒签、补签的问题，存在较大的外部纠纷与内部审计风险。对于合同签订前的履行过程，由于存在较大的不确定因素，双方的权利义务不明确、法律责任界定不清，容易产生法律纠纷，而一旦产生纠纷后由于证据难以取得，解决起来又比较困难，合同的事前控制作用无法体现，法律风险隐患不容忽视。

同时，电网企业在基本管理制度和内控管理流程中明确规定了项目管理流程以及合同的起草、审批、签订、履行等管理环节和流程，规定了合同管理相关部门的职责和管理权限。倒签合同无论是否给企业造成实际的危害后果，都违反了企业内控管理制度和流程，导致内控制度的执行偏差或发生漏洞，应当避免发生。

（二）签订"阴阳合同"的法律风险分析

《招标投标法》第五十五条、第五十九条的有关规定，依法必须进行招标的项目，招标人违反规定，与投标人就投标价格、投标方案等实质性内容进行谈判的，给予警告，对单位直接负责的主管人员和其他直接责任人员依法给予处分，影响中标结果的，中标无效。招标人与中标人不按照招标文件和中标人的投标文件订立合同的，或者招标人、中标人订立背离合同实质性内容的协议的，责令改正，可以处中标项目金额千分之五以上千分之十以下的罚款。

对于需要招标主管部门备案的合同，招标人与中标人为了规避监督检查，按照招投标文件签订一份合同，报有关部门备案。同时，私下另签一份背离合同实质性内容的"阴合同"，作为双方实际履行的依据。这种行为严重违反《招标投标法》的规定，损害了其他投标人的利益，扰乱了招投标秩序。对此，除了确定"阴合同"无效外，还应追究相关责任方的责任。

（三）签订合同的法律风险防范

为防范合同签订环节的风险，电网企业要进一步加强源头管理，深化合同全过程监督机制，对合同流程超时限、合同倒签等执行不规范的情况予以重点监控，加大考核力度，持续开展突出问题专项检查，督促整改落实，形成闭环管理；严格按照招标文件和中标人的投标文件签订合同，避免签订"阴阳合同"，履约过程中发生范围调整、工程变更等情况时，应在专业人士的帮助下规范签署补充协议，有效防范此类风险。

招标文件和投标文件是签订合同的依据，招标人与中标人双方订立的合同，只能将招标文件（含澄清、修改内容）和投标文件（含所有补充、修改及非实质性内容的澄清或说明）的规定、条件、条款以书面合同固定下来，不得要求中标人承担招标文件以外的任务或修改投标文件的实质性内容（如投标价格、投标方案、技术和质量要求等），更不能背离合同实质性内容再行签订协议。

第三节　典型案例评析

案例十：中标人反悔拒签约　保证金依法不返还

⚙ 案情简述

2006年8月，某市电力局（被告）对某变电站建设工程项目发出招标公告。某工程公司（原告）制作了投标文件并进行了投标。市电力局于2006年12月进行了开标、评标、定标，最后确认该工程公司为第一中标候选人，并于2006年12月26日向该工程公司发出中标通知，督促其于2006年12月30日下午4点前来签订施工合同。但该工程公司一直拒绝签订合同，市电力局遂没收了其投标保证金80万元，工程公司不服，诉至人民法院要求退还投标保证金。

法院经审理认为：合同的成立要经过要约与承诺。本案中市电力局所发出的招标公告属于要约邀请行为，该工程公司制作标书投标的行为属于要约行为，市电力局在2006年12月26日向工程公司发出中标通知的行为属于承诺。按照《招标投标法》第二十九条规定，投标人在招标文件要求提交招标文件的截止时间前，可以补充、修改或者撤回已提交的投标文件，并书面通知招标人，补充、修改的内容为投标文件的组成部分。但工程公司并没有依照法律规定在招标文件截止时间前撤回已提交的投标文件，也就是撤回要约，而是在市电力局做出承诺即 2006 年 12 月 26 日向其发出中标通知后，于 2006 年 12 月 28 日向市电力局、市建设工程交易中心发出传真，要求改变投标文件内容，其行为实质是放弃中标项目。根据《招标投标法》第四十五条第二款之规定，中标通知书对招标人和中标人具有法律效力，中标通知书发出后，招标人改变中标结果的或者中标人放弃中标项目的，应当承担法律责任。根据招标文件第 15.6 条"如投标人发生下列情况之一时，投标保证金将被没收……"的约定，市电力局有权在工程公司拒绝签订合同即放弃中标项目的情况下不予返还工程公司的投标保证金。故工程公司要求退还 80 万元投标保证金的诉讼请求不予支持。工程公司提出的确认该次招标活动违法的观点，其所举证据不能证明该次招标活动有任何违法事实，故工程公司的该项观点无相应证据支持，本院不予采信。依照《招标投标法》第四十五条第二款、《合同法》第四十四条第一款、第六十条第一款及《民事诉讼法》第六十四条、第一百零七条之规定，判决驳回某工程公司的诉讼请求。

⚖ 法律分析

本案的争议焦点在于招标人发出中标通知书后，中标人放弃中标项目，招标人是否可以没收投标保证金的问题。具体分析如下：

1."投标保证金"性质的理论分析

投标保证金，是指投标人按照招标文件的要求向招标人出具的，以一定金额表示的投标责任担保。也就是说，投标人保证其投标被接受后对其投标书中规定的责任不得撤销或反悔，否则，招标人将对投标保证金予以没收。

2. 关于投标保证金应否退还的问题

依据《招标投标法》和《招标投标法实施条例》的有关规定，中标通知书对招标人和中标人具有法律效力。中标通知书发出后，招标人改变中标结果的，或者中标人放弃中标项目的，应当依法承担法律责任。中标人无正当理由不与招标人订立合同，在签订合同时向招标人提出附加条件，或者不按照招标文件要求提交履约保证金的，招标人有权取消其中标资格，并根据招标文件的规定对其投标保证金不予退还。

⚖ 启示建议

招标投标是一项严肃的法律活动，投标人的投标是一种要约行为，投标人作为要约人，向招标人（受要约人）递交投标文件后，即意味着向招标人发出了要约。投标保证金对投标人的投标行为产生约束作用，以保证招标投标活动的严肃性。

1. 招标人可以收取投标保证金，但投标保证金不得超过招标项目估算价的 2%

投标保证金是投标人对投标的担保，招标人可以根据招标项目的性质和规模等具体情况，决定是否要求投标人提交投标保证金，合理确定投标保证金的数额。《招标投标法实施条例》第二十六条规定，投标保证金不得超过招标项目估算价的 2%。此外，招标人不得挪用投标保证金。

2. 招标人应在招标文件中明确不予退还投标保证金的情形

一般来说，如果投标人发生以下情况，投标保证金可能被没收：①在投标有效期内撤销、撤回投标文件；②中标后不按照要求提交履约保证金；③中标后拒绝在规定的时间内与招标人签订合同等。招标人应在招标文件中明确不予退还投标保证金的各种情形。

3. 招标人退还投标保证金时需支付银行同期存款利息

鉴于实践中常常发生招标人和招标代理机构不按期退还投标保证金的现象，针对此问题，《招标投标法实施条例》规定，退还投标保证金时还应支付银行同期存款利息。同时，第六十六条规定，招标人不按照规定退还投标保证金及银行同期存款利息的，由有关行政监督部门责令改正，可以处五万元以下的罚款；给他人造成损失的，依法承担赔偿责任。因此，招标人应根据招标项目的具体情况合理设置投标保证金的数额，同时在退还投标保证金时，需支付银行同期存款利息。

案例十一：无理拒发中标通知　依法承担赔偿责任

📋 案情简述

2007 年 8 月 4 日，某电力集团公司（被告）对某输变电工程以邀请招标的方式给某工程公司（原告）发了投标邀请书。8 月 13 日该工程在建设工程管理中心进行开标、评标，并当场宣布某工程公司为中标单位。该工程公司中标后在建设工程管理中心交纳了工程交易服务费。之后招标人一直未给该工程公司发中标通知书，也未签订施工合同。工程公司诉至法院，请求某电力集团公司及其分公司赔偿中标损失。

法院经审理认为，招标人某电力集团公司对输变电工程的招标，向原告发出了要约邀请，原告参加投标为要约，招标人当场公布原告中标的行为视为承诺。因此，应受其提出的意思表示约束，而招标人无正当理由迟迟不与原告签订施工合同，由此给原告造成的经济损失应当予以赔偿。法院判决：被告某电力集团公司某分公司赔偿原告某工程公司经济损失一万元，驳回原告某工程公司的其他诉讼请求。

法律分析

本案的争议焦点是招投标合同是否成立并生效以及招标人无正当理由不发出中标通知书应否赔偿中标人经济损失。针对该两个争议焦点进行分析如下：

1. 关于招投标合同是否成立并生效

本案中，某电力集团公司向某工程公司发出投标邀请书的行为属要约邀请。某工程公司受其邀请参与项目投标，该投标行为属要约。依照《合同法》和《招标投标法》有关规定，招标人发出中标通知书即为承诺，而某电力集团公司未向某工程公司发出中标通知书也未签署书面合同，该合同并未成立。《招标投标法》规定，招标人和中标人应当自中标通知书发出之日起三十日内，按照招标文件和中标人的投标文件订立书面合同。招标投标合同的成立和生效应以签订书面合同为准。签订书面合同，不仅可以充实完善中标通知书的条款，而且可以进一步确定招标文件和投标文件中规定的法律关系（包括对招投标文件所做的必要的澄清、修改），并以合同形式统一固定下来，有利于明确双方的权利义务关系，保障招投标合同的履行。

2. 关于招标人无正当理由不发出中标通知书应否赔偿中标人经济损失

缔约过失责任是指在合同订立过程中，一方因违背诚实信用原则，致另一方信赖利益的损失，而应承担的损害赔偿责任。本案中，合同未成立，是因为某电力集团公司未按招标投标程序发出中标通知书，应由某电力集团公司承担缔约过失责任而非违约责任，因此某工程公司请求对其造成的经济损失予以赔偿，符合法律规定。因此某电力集团公司应当赔偿中标人经济损失。

👤 **启示建议**

国家对招标投标活动有严格的法律程序规定，属于依法必须招标的工程项目，招标人应当依法履行招标程序，确定中标人后应当发出中标通知书，无正当理由不得拒发中标通知书，否则应承担赔偿责任。

1. 招标人无正当理由不发出中标通知书，应依法承担赔偿责任

根据《合同法》关于缔约过失责任的规定，招标人无正当理由不向中标人发出中标通知书，招标人应向中标人赔偿其信赖利益的损失，即中标人因信赖合同的履行而支付的各种合理费用。本案中电力企业作为被告，一审败诉，提起上诉，二审法院维持了一审判决。前车之辙，后车之鉴。电力企业在招投标过程中，应当严格遵守《合同法》《招标投标法》等规定，知悉招标人和投标人在缔约阶段的权利义务关系，及时向中标人发出中标通知书，从而保障招投标活动的正常进行。

2. 中标通知书发出后对招标人和中标人均具有法律效力

建筑工程招投标已成为目前工程发包承包的主要形式。建设工程往往涉及基础设施而且一般投资规模较大，所以建筑工程合同的成立、生效问题相对复杂。

中标通知书发出后具有法律效力，即中标通知书对招标人和中标人发生法律约束力。具体体现为：除不可抗力外，中标通知书发出后招标人改变中标结果的（如宣布该标为废标改由其他投标人中标的或者随意宣布取消项目招标的），或者中标人放弃中标项目（如声明或者以自己的行为表明不承担该招标项目的），应对对方的损失承担赔偿责任。

第九章　勘察设计阶段的法律风险

电网建设项目经过系统的规划和前期工作的运作，就进入到了电网建设的实质性阶段——勘察设计阶段。勘察工作及设计工作的到位和完备，对主体工程的顺利实施具有重要意义。

第一节　电网建设项目勘察设计阶段

电网建设勘察设计是指在电网工程建设中所进行的工程勘察和工程设计工作。工程勘察是指收集已有资料、现场踏勘、制定勘察纲要、进行测绘、勘探、取样、试验、测试、检测、监测等一系列勘察作业，以及编制工程勘察文件和岩土工程设计文件的活动。工程设计是指对建设工程所需的技术、经济、资源、环境等条件进行综合分析、论证，提供编制可行性研究报告、初步设计文件、施工图设计文件、非标准设备设计文件、施工图预算文件、竣工图文件等活动。勘察工作及设计工作的到位和完备，对主体工程的顺利实施具有重要意义。在实际中，一个完整的送电或变电工程的建设要经过可行性研究、初步设计、施工图设计以及竣工图设计等多个阶段，建设区域范围广，涉及的专业繁多，同时包含诸多外业工作，因此从项目承接到设计完成，每一个环节都存在着法律风险。

电网建设勘察设计主体是指具有电力工程勘察资质和电力工程设计资质，实际完成电网建设的勘察和设计工作，并对所完成的工作负有全面质量责任的单位。在当下的市场竞争中，电网企业如何选择勘察设计主体、如何规避勘察设计合同中的风险就成为电网建设中亟待解决的重要问题。

第二节　电网建设项目勘察设计阶段的法律风险防范

一、选择勘察设计主体的法律风险防范

（一）违反法定程序选择勘察设计主体的行政责任

对于电网企业而言，选择合适的勘察设计主体在电网建设中至关重要，能使项目在技术、经济、质量、进度层面上得到保证。电网建设项目投资额大，且属于关系国计民生的国家基础建设。根据《招标投标法》第三条规定，大型基础设施、公用事业等关系社会公共利益、公众安全的项目必须进行招标。规模标准上，《必须招标的工程项目规定》第五条规定，勘察、设计、监理等服务的采购，单项合同估算价在 100 万元人民币以上的，必须进行招标。因此，电网建设项目一般须通过招标方式选择勘察设计单位。

电网企业在选择勘察设计主体时应严格按照相关法律法规进行招标，若将依法必须招标的项目化整为零或以其他方式规避招标的，会受到相应的行政处罚。根据《招标投标法》第四十九条规定，必须进行招标的项目而不招标的，将必须进行招标的项目化整为零或者以其他任何方式规避招标的，责令限期改正，可以处罚款，甚至可以暂停项目执行或者暂停资金拨付；对单位直接负责的主管人员和其他直接责任人员依法给予处分。因此，电网企业如果不采取法律规定的方式选择勘察设计主体，将面临行政处罚和项目停建的法律风险。

（二）违反资质要求选择勘察设计主体的行政责任

在招标方式选择勘察设计单位过程中，严格审查候选勘察设计单位的相关资质是一项非常重要的工作，对资质的要求是招标文件中不可缺少的一部分。《建设工程勘察设计资质管理规定》中规定，工程勘察、设计单位只有取得建设工程勘察、设计资质证书后，方能在资质许可的范围内从事建设工程勘察、工程设计活动。根据建设部《关于颁发工程勘察资质分级标准和工程设计资质分级标准的通知》中的规定，工程勘察资质分为综合类（只设甲级）、专业类（甲、乙、丙级）和劳务类（不分级）；工程设计资质分为综合类和行业类（设

甲、乙、丙级）。每个行业每个等级的企业只能承担相应规模的工程。

如果将勘察设计工作委托给不具备相应资质的单位承揽，其技术力量欠缺会造成工程质量的巨大隐患，同时，会给电网企业自身带来巨大的法律风险。根据《建设工程勘察设计管理条例》第三十八条及《建设工程质量管理条例》第五十四条、第七十三条规定，发包方将建设工程勘察、设计业务发包给不具有相应资质等级的建设工程勘察、设计单位的，将被责令改正，并处罚款；给予单位罚款处罚的，对单位直接负责的主管人员和其他直接责任人员处以罚款。

（三）防范措施

为了避免上述法律风险的发生，电网企业首先应严格遵守《招标投标法》的规定，通过招标方式选择勘察设计单位；也可以根据法律规定和项目的实际情况，通过其他方式选择，严禁利用化整为零或其他方式规避招标。

在选择勘察设计单位时，必须严格按照法律法规的规定，严格审查勘察设计单位资质，除了审查营业执照、各项认证外，还要审查电力专项资质，比如工程勘察资质、工程设计资质、工程咨询资质等，必要时还要审查质量保证体系等能充分体现勘察设计企业技术管理水平的其他资质，从而保证勘察设计单位的技术力量和管理水平能够满足电网建设项目的要求，将由勘察设计单位引起的法律风险降到最低。

二、勘察设计合同中的法律风险防范

电网建设勘察设计合同，是电网企业与勘察方、设计方之间约定勘察设计权利义务的协议。勘察设计单位按照合同约定的时间和技术要求交出合格的勘察设计成果、提供相关服务，电网企业按照合同约定提供基础资料、支付合同价款。实践中，电网建设勘察设计合同往往存在以下法律风险。

（一）勘察设计范围约定不明确

勘察设计范围是勘察设计单位承担义务的依据，也是计算勘察设计费的依据。勘察设计单位在与电网企业进行合同谈判时，如果因对工程范围理解不同，造成勘察设计范围不明确，在履行合同过程中就有可能产生偏差。电网企业要在合同中对工程范围的界限进行明确的表述，避免使用含糊的词语，并且针对勘察设计单位的资质范围和等级谨慎地委托相应工作，避免将勘察设计单位无资格承担的工作一并进行委托，从而造成电网工程质量隐患。

（二）勘测设计责任不明

电网项目建设是由电网企业、勘察设计单位以及施工各方共同完成的，各方均按照合同的约定各司其职，实行无缝管理，如果分工不明确，会严重影响到工程建设进度。电网企业与勘察设计单位应在明确勘察设计范围的基础上，进一步明确勘察设计责任，避免因责任不明确影响工程建设进度。

（三）建设标准不明确

电网工程建设需要较高的勘察设计水平作为质量保障，不同规模的电网项目所要求的建设标准也不同，例如，农网建设要求就与一般的电网建设要求不同，如果在合同中约定不明，将会严重影响到电网工程建设质量，这就要求电网企业在合同中要针对电网项目的特点明确相关的建设标准、技术规程，保证项目质量合格。

（四）勘察设计文件交付不及时

勘察设计文件是保证项目质量和进度的关键。设计文件交付不及时，将会直接造成工程部分甚至整体进度的滞后。作为保证设计文件交付进度的基础，电网企业要按照工程进度要求向勘察设计单位提供相应的基础资料和审批手续，确保勘察设计单位能够正常地开展勘察设计工作。

（五）勘察设计单位服务不到位

施工图完成后，设计文件的编制工作即告一段落，但这并不意味着设计工作的完成，此时仍需要设计人员进行现场服务，现场服务不到位同样制约着工程建设的质量和进度。电网企业要在合同中对勘察设计单位现场服务作出约定，包括人员素质、服务人员数等具体要求，以保证满足工程建设对现场服务的要求。

（六）勘察设计质量瑕疵

勘察设计工作若不严格遵循国家、行业的规程规范，出现诸如计算错误、标识错误等问题，将会直接影响到工程质量，轻则要对电网企业承担违约责任，重则引起重大安全事故。为了控制勘察设计文件的质量，电网企业应在合同中约定明确的违约责任。同时，为了避免质量瑕疵造成对工程的损害，电网企业应尽到管理义务，高度重视每个验收环节，尤其在初设阶段，要对设计原则进行充分的审查，以保证后续勘察设计工作能够满足项目质量要求。

（七）建设投资未得到控制

电网项目建设投资巨大，勘察设计文件不仅是工程施工的依据，也是控制造价的重要手段，如果设计得到优化，将会相应减少投资，如果设计不合理，则有可能加大投资。可以说，设计质量与减少投资紧密相连。当投资发生变动时，电网企业应分析原因，明确责任，同时在合同中约定与投资额有关的考核条款，给予相应的索赔或奖励，以达到控制造价的目的。

三、电网企业自行勘察设计的法律风险防范

（一）勘察设计文件编制的法律风险防范

电网建设勘察设计文件是电网工程建设立项、施工建设和生产运行的主要依据。根据电网建设的不同阶段分为可行性研究报告、初步设计文件、施工图设计文件和竣工图文件。勘察、设计的质量是整个建设工程质量的基础，如果勘察、设计的质量存在问题，整个建设工程质量也就失去了保障，因此工程的勘察、设计必须符合国家、行业的质量要求和标准，电网企业若自行勘察设计，对勘察设计文件负有严格的质量责任。《建设工程质量管理条例》明确规定，勘察、设计单位必须按照工程建设强制性标准进行勘察、设计，并对其勘察、设计的质量负责。《建设工程勘察质量管理办法》也规定了勘察设计单位的主要负责人、工程勘察企业法定代表人对本企业勘察质量全面负责；项目负责人对项目的勘查文件负主要质量责任；项目审核人、审定人对其审核、审定项目的勘察文件负审核、审定的质量责任。在工程建设过程中，质量安全常涉及人身与财产安全。故在我国《刑法》中也针对后果特别严重的情形规定了刑事责任。例如《刑法》第一百三十七条规定，建设单位、设计单位、施工单

位、工程监理单位违反国家规定，降低工程质量标准，造成重大安全事故的，对直接责任人员，处五年以下有期徒刑或者拘役，并处罚金；后果特别严重的，处五年以上十年以下有期徒刑，并处罚金。具体来讲，勘察、设计文件的编制应当符合以下要求：

1. 符合有关法律、行政法规的规定

这里讲的法律、行政法规，是指与勘察设计工作有关的，包括土地、规划、环境、安全生产等方面的法律、行政法规。在编制勘察设计文件过程中，要根据已取得的国家行政机关的有关批文或批复来开展勘察设计工作，如果违反上述法律法规的相关规定，未按照土地规划、系统规划、环境保护措施、安全保障措施进行，一方面，企业有可能会受到行政机关的行政处罚；另一方面，也会影响到项目的开展，承担相应的民事责任。

2. 符合电网工程勘察、设计的技术规范

勘察、设计单位必须遵照电网工程勘察、设计规范有关的强制性标准。勘察文件应当客观准确地反映工程的地质、地形地貌、水文地质状况，符合规范、规程，做到勘察方案合理、评价准确、数据可靠。设计文件的深度应当满足相应设计阶段的技术要求。《建设工程质量管理条例》和《建设工程勘察质量管理办法》均规定，勘察企业未按照工程建设强制性标准进行勘察、弄虚作假、提供虚假成果的，将会受到罚款、责令停业整顿、降低资质等级直至吊销资质证书等形式的行政处罚；造成损失的，还将依法承担民事赔偿责任。例如，在线路勘察过程中，未能够客观地反映工程所在地的实际情况，造成对高速公路、民房或其他建筑物的跨越，致使工程在实际建设中遇到施工困难，或者由于设计文件没有达到工程要求的设计深度，设计意图的表达过于粗糙或含糊，也会造成实际施工单位理解的偏差甚至错误，这些都将成为威胁工程质量安全的隐患。

3. 不得违反规定标注生产厂、供应商

《建设工程勘察设计管理条例》和《建设工程质量管理条例》规定，除有特殊要求的建筑材料、专用设备和工艺生产线等外，设计单位不得指定生产厂、供应商。对于违反上述规定而标注厂家的行为，设计方将根据违法情节承担罚款、责令停业整顿、降低资质等级、吊销资质证书的行政责任；造成损失的，依法承担民事赔偿责任。如果因标注生产厂、供应商而造成设计人从生产厂、供应商处收取非法利益，情节严重的，还有可能受到刑法的追究，承担刑事责任。

要避免以上法律风险，电网企业在自行勘察设计过程中，首先要充分了解相关的法律法规，在需要得到行政许可的场合，严格按照法律法规的程序办理，在取得有效文件后开展相应的勘察设计工作。其次，要熟悉、掌握电网工程勘察设计所要求的技术规范和标准，时刻把设计质量放在第一位，成果真实、计算准确，设计文件严格依据质量管理体系进行管理和落实，按照《电力勘测设计生产岗位责任制度》的规定，明确各级岗位的质量管理职责，奖惩分明，完善成品校核制度，保证勘察设计文件高质量地完成。最后，勘察设计中要加强对设计成品的校审，层层把关，并通过对设计成品的抽查，杜绝违反规定标注厂家的情况出现。

（二）安全风险及防范

在电网建设勘察设计过程中，需要大量的人员进行外业工作，如勘测人员进行现场踏勘，驻工地代表进行现场服务等。外业工作人员的劳动安全问题历来是工作的重点之一。"安全无小事"，不管从国家还是社会再到企业，安全生产都是日常工作中的重中之重，一旦出现了安全事故，不仅会给职工个人和职工家庭带来不可挽回的损失，还会对企业的未来发展带来影响。所以，避免安全事故的发生，保障职工的劳动安全，是企业不容推卸的责任。《建设工程安全生产管理条例》明确规定，勘察单位、设计单位必须遵守安全生产法律、法规的规定，保证建设工程安全生产，依法承担建设工程安全生产责任。我国《刑法》第一百三十四条和第一百三十五条规定，若在生产、作业中违反有关安全管理的规定，强令他人违章冒险作业，安全生产设施或者安全生产条件不符合国家规定，发生重大伤亡事故或者造成其他严重后果的，将承担拘役或有期徒刑的刑事责任。

为有效避免安全事故的发生，电网企业一方面要履行安全保障义务，设立专门机构负责生产安全的统筹安排，对外业的工作和生活设施、劳动防护措施制定安全标准并严格执行，建立现场巡查制度，不定期地对正在进行工程的生产安全进行检查，做到发现隐患即可解决，还要确保外业使用的设备设施满足安全生产的要求。另一方面，电网企业要从上至下增强安全意识，特别要对外业工作人员进行安全生产意识的培养和安全生产基本技能的培训，通过培训、考核等方式加强对外业工作人员的管理，对于不具备基本安全生产技能的人员要进行再培训，直至达到要求。

（三）技术风险及防范

电网建设勘察设计是一项专业技术要求很高的工作，随着技术的不断进步和社会对用电安全的需求越来越迫切，勘察设计中采用新技术、新材料的需求也越来越大，但是电网建设投资额大，且关系到国家发展和用户的切身利益，所以在采用新技术、新材料时要充分进行论证和检测，以保证系统的安全与稳定。《建设工程勘察设计管理条例》第二十九条规定，建设工程勘察、设计文件中规定采用的新技术、新材料，可能影响建设工程质量和安全，又没有国家技术标准的，应当由国家认可的检测机构进行试验、论证，出具检测报告，并经国务院有关部门或者省、自治区、直辖市人民政府有关部门组织的建设工程技术专家委员会审定后，方可使用。

（四）分包风险及防范

在实际工作中还经常发生对非主体工程进行分包的情况，例如地质钻探，岩土勘察等。法律允许非主体工程的分包，按照《合同法》第二百七十二条第二款规定，总承包人或者勘察、设计、施工承包人经发包人同意，可以将自己承包的部分工作交由第三人完成。第三人就其完成的工作成果与总承包人或者勘察、设计、施工承包人向发包人承担连带责任。可见，此种分包行为并不免除勘察设计单位的责任承担，所以要特别注意承包队伍的选择和管理。电网企业首先要在具备相应资质的承包队伍中，选择技术力量相对较高的企业来完成相应的工程，确定承包方后，同样要严格管理，切忌以包代管，除了对工程进度和质量的管理之外，还要对生产安全进行监督管理，确保安全、高效，保质保量地完成工作。

第三节　典型案例评析

案例十二：勘察有误影响建设　判令退款并赔损失

🔵 **案情简述**

2007 年 6 月，某市供电局（原告）与某城建勘察公司（被告）签订《建设工程勘察合同》一份。合同约定，由市供电局委托城建勘察公司对位于供电局新建变电站（1 号房、2 号房、3 号房，建筑面积为 7739 平方米）的地质进行勘察，勘察费为人民币 1.80 万元，城建勘察公司提交勘察报告后七日内，市供电局应按实际完成的工作量结清全部勘察费；市供电局向城建勘察公司提交立项批文、地形图、平面图等有关资料，城建勘察公司应于 2007 年 8 月向市供电局提交勘察文件；因勘察错误而造成工程重大质量事故，城建勘察公司除免收勘察费外，并根据损失程度向市供电局偿付赔偿金，赔偿金最多不超过全部勘察费用等。

签约后，城建勘察公司到实地进行勘察，并于 2007 年 7 月底向市供电局交付了《某市某变电站新建工程岩土工程勘察报告》。报告表述，本工程为 1～3 号房组成，其中 1 号房、2 号房拟采用桩基础，3 号房拟采用天然地基；本勘探点的位置根据市供电局提供的拟建建筑物总平面图，在现场按照界址点、地形地物施放。在该报告的图文中，南北向的明浜贯穿整幢 1 号房，东西向的明浜贯穿 2 号房的南侧。市供电局于 2007 年 8 月 10 日向城建勘察公司支付了勘察费 1.80 万元。嗣后，市供电局委托某市水务设计公司对新建厂房进行设计。水务设计公司根据勘察报告确定 1 号房采用桩基工程，2 号房采用天然地基。2007 年年底，市供电局委托某建设公司进行施工。某建设公司按照施工图对 1 号房采用桩基工程进行施工，对 2 号房采用天然地基进行施工。在施工过程中，发现 2 号房下有暗浜。2008 年 2 月，城建勘察公司出具《某市某变电站工程岩土工程勘察补充说明》。在该报告的图文中，南北向的明浜贯穿整幢 2 号房，东西向的明浜贯穿 1 号房的南侧。由于 2 号房地基工程已施工过半，再更改施工图将造成更大的损失，某市供电局即按照水务设计公司的设计方案对地基进行加固处理并继续施工。

2008 年 8 月，原告某市供电局以城建勘察公司为被告，要求城建勘察公司退还勘察费 1.80 万元，并赔偿经济损失 55.79 万元。

法院经审理认为，原、被告双方签订的建设工程勘察合同系双方当事人真实意思的表示，不违反法律法规的强制性规定，应属合法有效。因被告出具的勘察报告出现了差错，导致供电局经济损失，故应当承担经济赔偿责任。鉴于原告对其用地范围的界址点也不够清晰，也应承担一定的责任。故判决：①城建勘察公司应于判决生效之日起十日内赔偿某市供电局经济损失 40 万元；②城建勘察公司返还勘察费 1.80 万元。城建勘察公司不服判决提起上诉，二审法院经审理判决认为，对于造成损失的责任认定有失偏颇，故改判城建勘察公司赔偿市供电局经济损失人民币 27.89 万元。

⚖ 法律分析

本案涉及的争议焦点主要围绕着双方过错如何界定以及双方合同约定的相关条款效力问题，具体分析如下：

1. 关于损失产生双方过错的界定问题

城建勘察公司作为专业的地质勘察公司，理应在明确勘察界址范围的情况下向市供电局提交准确无误的地质勘察报告。从城建勘察公司出具的地质勘察报告和补充说明来看，城建勘察公司标注的明浜位置出现了差错，即南北向河流应标注在 2 号房，但城建勘察公司却将其标注在 1 号房。城建勘察公司认为上述情况是由于市供电局指定的勘察场地有误且建造房屋时场地进行调整所致，但城建勘察公司未能提供充分有效的证据予以证明，法院难以采信。

城建勘察公司称其在勘察报告中建议 1 号房、2 号房采用桩基，但市供电局在建造 2 号房时却采用自然地基，由此造成的扩大损失与城建勘察公司无涉。城建勘察公司的义务是向市供电局提交准确的勘察报告，对 2 号房是否采用桩基也只是建议的权利，故市供电局根据城建勘察公司的第一份勘察报告对 2 号房采用自然地基并无不当。

市供电局在委托城建勘察公司进行地质勘察时，对其用地范围的界址点也不够清晰，未能向城建勘察公司提交房屋土地权属调查报告书，造成城建勘察公司在地质勘察时对界址点的认定出现偏差，故市供电局也应承担一定的责任。

综上，城建勘察公司、市供电局对损失的产生应各自承担过错责任。

2. 关于合同约定的赔偿金额最多不超过全部勘察费用的条款是否有效的问题

双方虽在合同中约定，因勘察错误而造成工程重大质量事故，城建勘察公司除免收勘察费外，还应根据损失程度向市供电局偿付赔偿金，赔偿金最多不超过全部勘察费用，但由于城建勘察公司的勘察报告出现差错，导致市供电局经济损失扩大，即使城建勘察公司以勘察费用作为赔偿金也难以弥补市供电局的经济损失，该条款当属城建勘察公司为了减轻责任而设计的格式合同条款，应属无效，城建勘察公司理应按合同法的规定向某市供电局赔偿实际的经济损失。

3. 关于是否应当退还勘察费用的问题

根据《合同法》第二百八十条规定，勘察、设计的质量不符合要求或者未按照期限提交勘察、设计文件拖延工期，造成发包人损失的，勘察人、设计人应当继续完善勘察、设计，减收或者免收勘察、设计费并赔偿损失。因城建勘察公司向市供电局提交的勘察报告有差错，故城建勘察公司应当免收勘察费用。

👤 **启示建议**

在实践履行合同的过程中，务必明晰双方的义务并严格履行，以免在后期发生法律争议时，处于被动的地位。在勘察设计合同中，勘察范围如果未在事先明晰，也会带来后续法律风险。

1. 双方当事人应根据合同约定履行各自的义务

本案中，在签订建设工程勘察合同时，供电局有义务提供清晰明确的界址资料，或者陪同城建勘察公司到现场确定勘察场地。遗憾的是，此案中市供电局在委托城建勘察公司进行地质勘察时，未提交房屋土地权属调查报告书，双方当事人签订的勘察合同中未明确场地具体界址，也未和城建勘察公司一起到现场确定具体勘察范围，对其用地范围的界址点也不够清晰，造成城建勘察公司在地质勘察时对界址点的认定出现偏差。市供电局在收到城建勘察公司提交的勘察报告时，如其清楚地知道用地范围的界址点，应该能够发现该勘察报告中明浜和房屋的位置出现差错，从而要求城建勘察公司在明确界址的基础上重新进行勘察，但市供电局由于疏忽没有发现勘察报告的错误，因此对于损失的造成也负有相应的责任。

2. 具体勘察范围应事先明晰，以减少后续法律风险

建设单位在和勘察公司签订工程勘察合同时，应通过提交房屋土地权属调查报告或者和勘察公司一起到现场的方式来确定具体的勘察范围，以清晰界定用地范围的界址点，避免勘察公司在地质勘察时对界址点的认定出现偏差，导致之后在设计、施工中蒙受经济损失。

案例十三：审核不严误签合同　合同无效责任分担

📖 案情简述

2008 年 3 月 10 日，某市供电局（原告，反诉被告）和某设计公司（被告，反诉原告）签订了一份《建设工程设计合同》，约定市供电局委托设计公司承担某输变电工程设计，设计证书等级甲级，设计公司应向市供电局交付全套设计资料及文件，设计合理使用年限为 50 年；设计收费为人民币 30 万元，设计费按进度分六次付费，第一次付费人民币 4 万元定金，合同签订后三日内支付，第二次付费人民币 4 万元，合同签订后三十日内支付，第三次付费 2 万元，合同签订四十五日内支付，第四次付费人民币 6 万元，全部施工图完成后三日内支付，第五次付费人民币 10 万元，自全部施工图完成后下月支付 2 万元，第六次付费人民币 2 万元，在工程竣工后三日内支付。设计公司应严格按照《建设用地规划许可证》的有关规定、有关工程强制性标准、国家和地方技术规范、标准、规程及市供电局提出的设计要求进行工程设计，按合同规定的进度要求提交质量合格的设计资料，并对其负责。

合同签订后，市供电局向设计公司支付了定金和设计费共计人民币 8 万元。设计公司向市供电局交付了设计图，该图纸上的出图单位为该设计公司。2008 年 4 月 5 日，设计公司提出建筑设计方案审批表，认为可以进行施工图设计，市供电局在建设单位确认栏盖章。

设计公司的经营范围为装饰工程、建筑工程的设计，需要取得建设行政主管部门的资质证书方可经营，现设计公司没有取得任何设计资质证书。设计公司和市供电局签订设计合同后，和具备甲级资质的某工程顾问公司签订《设计项目合作协议》，由该工程顾问公司负责施工图的设计工作。设计公司提供了该工程顾问公司设计的图纸，但图纸上没有工程顾问公司的盖章。

市供电局于 2009 年 12 月 16 日向人民法院提起诉讼，请求：①设计公司返还收取的设计定金和进度款人民币 8 万元；②设计公司按定金罚则向市供电局赔偿一倍定金人民币 4 万元；③诉讼费由设计公司负担。

设计公司提起反诉，请求：①市供电局支付已到期的设计费人民币 8 万元；②诉讼费由某市供电局负担。

法院经审理认为，被告至今没有取得任何设计资质证书，属不具有资质证书承揽设计工程，违反了法律法规的强制性规定，故双方签订的《建设工程设计合同》应属无效。考虑到被告为完成施工图纸付出了一定的人力物力，原告对合同无效也存在一定的过错，酌情确定原告应向被告支付人民币 3 万元，剩余设计定金及进度款人民币 5 万元被告应当返还原告。因合同无效，双方约定的定金条款也相应无效，原告诉请被告按定金罚则赔偿 4 万元，法院不予支持。被告的反诉诉讼请求没有事实和法律依据，法院不予支持。依照《合同法》第五十二条第（五）项、第五十六条、第五十八条，《民事诉讼法》第六十四条之规定，法院判决：①设计公司于本判决生效之日起十日内向市供电局返还设计定金及进度款人民币 5 万元；②驳回市供电局的其他诉讼请求；③驳回设计公司的反诉诉讼请求。

⚜ 法律分析

本案例争议的焦点主要围绕着设计公司不具备相应资质是否当然导致合同无效；在合同无效的情况下，双方责任如何认定以及因无效合同取得财产是否应予返还而展开。具体分析如下：

1. 市供电局、设计公司签订的《建设工程设计合同》是否因设计公司不具备相应资质而无效

《建筑法》第十三条规定，从事建筑活动的建筑施工企业、勘察单位、设计单位和工程监理单位，按照其拥有的注册资本、专业技术人员、技术装备和已完成的建筑工程业绩等资质条件，划分为不同的资质等级，经资质审查合格，取得相应等级的资质证书后，方可在其资质等级许可的范围内从事建筑活动。《建筑工程质量管理条例》第十八条规定，从事建设工程勘察、设计的单位应当依法取得相应等级的资质证书，并在其资质等级许可的范围内承揽工程。禁止勘察、设计单位超越其资质等级许可的范围或者以其他勘察、设计单位的名义承揽工程。《建设工程勘察设计管理条例》第七条规定，国家对从事建设工程勘察、设计活动的单位，实行资质管理制度。本案中，根据双方签订的《建设工程设计合同》约定，设计公司是设计人，设计证书等级为甲级，而根据一审、二审查明的事实，设计公司并不具备任何设计资质，因此，涉案合同因违反了上述法律法规的强制性规定，依法应为无效合同。

2. 合同无效，双方责任如何认定

涉案合同因设计公司没有相应资质而无效，设计公司明知其没有设计资质而仍然与市供电局签订涉案合同，主观上存在较大过错，应当对合同的无效承担主要责任。市供电局没有尽到足够的注意义务，对设计公司的资质进行认真审查，主观上也存在过错，应对涉案合同无效承担次要责任。

3. 若涉案合同无效，市供电局关于设计公司返还已支付的定金和设计费人民币 8 万元的请求以及设计公司关于市供电局支付已到期的设计费人民币 8 万元的请求能否得到支持

首先，根据《合同法》第五十八条关于合同无效的处理规定，合同无效后，因该合同取得的财产，应当予以返还。因此，设计公司应予返还市供电局已支付的款项。

其次，设计公司确已就涉案工程完成了大量的图纸设计工作，投入了巨大的人力和物力，且市供电局也应当对合同的无效承担次要责任，市供电局应当与设计公司按照导致涉案合同无效的过错大小，共同分担涉案合同无效而造成的损失，法院酌定市供电局应向设计公司支付人民币 3 万元设计费，该款从设计公司应当返还市供电局的款项中折抵，余款人民币 5 万元，设计公司应返还给市供电局。

最后，设计公司不能依据无效合同的约定，请求市供电局支付设计费，只能请求赔偿损失。因此，设计公司要求市供电局支付剩余设计费人民币 8 万元的主张没有法律依据，不能成立。

⊛ 启示建议

供电企业签订《建设工程设计合同》时应尽到足够的注意义务，严格审查设计单位的资质等级。

1. 设计单位的主体资格审查有利于排除风险

国家对从事建设工程勘察、设计活动的单位，实行资质管理制度。建设单位在签订《建设工程设计合同》时，对设计单位主体资格的审查是签约的一项重要准备工作，它将不合格的主体和风险排斥在合同的大门之外，为将来合同能够得到及时、正确地执行奠定了良好的基础。

2. 供电企业在签订合同时应尽注意义务

根据我国法律规定，从事建设工程勘察、设计的单位应当依法取得相应等级的资质证书，并在其资质等级许可的范围内承揽工程。禁止勘察、设计单位超越其资质等级许可的范围或者以其他勘察、设计单位的名义承揽工程。发包方不得将建设工程勘察、设计业务发包给不具有相应勘察、设计资质等级的建设工程勘察、设计单位。上述法律强制性予以规制的是设计单位应当具有相应的资质，供电企业签订《建设工程设计合同》时应尽到足够的注意义务，认真审查设计单位的资质，否则，与其签订的设计合同不仅会因违反上述法律法规的强制性规定而被确认为无效合同，并承担导致合同无效造成的损失的责任，还可能被相关行政部门给予行政处罚。

第十章　施工场地征拆的法律风险

电网建设项目施工场地征拆工作是电网建设项目中的重点工作，更是一个集合法合规性、时效性、复杂性于一身的系统工程。因此，注意预防和控制征拆工作过程中产生的法律风险，对顺利推进电网建设项目具有重大意义。

第一节　电网建设项目施工场地征拆工作

一、施工场地征拆工作概述

电网建设项目通常具有投资大、施工周期长、协调难度大等特点，因此在建设过程中容易产生各种法律风险。

由于施工场地征拆工作通常涉及群众利益，客观上存在群众利益诉求平衡难、整体协调难等困境。按期完成征拆工作是电网建设项目快速开展的前提条件，更是降低项目成本、保证工期的要求。因此，注意预防和控制征拆工作过程中产生的法律风险，对顺利推进电网建设项目具有重大意义。

在推进征拆工作过程中，需要加强对相关群众的政策宣传和引导，及时公开征拆计划及相关程序，使群众真正了解征拆工作，为获得理解和支持打下坚实基础。此外，电网建设单位应与县级以上人民政府及征地拆迁部门共同研究征拆方面的法律法规政策，明确划分职责义务，规范征地拆迁行为，统一征地补偿标准。

二、电网建设项目施工场地征拆及补偿

（一）公共利益优先原则

电网建设项目以服务社会公共利益为出发点和目标，因此在施工场地征拆工作中，须坚持公共利益优先的原则，即为了保障电网建设项目施工场地需要，需要优先考虑公共利益，必要时可能需要牺牲个人利益，但需要依法给予合理补偿。公共利益优先原则集中体现在《物权法》（2007年修订）第四十二条第一款的规定中，即为了公共利益的需要，依照法律规定的权限和程序可以征收集体所有的土地和单位、个人的房屋及其他不动产。

（二）征拆工作的主体

根据《土地管理法》（2004年修订）第四十六条的规定，国家征收土地的，依照法定程序批准后，由县级以上地方人民政府予以公告并组织实施。具体来说，根据《国有土地上房屋征收与补偿条例》（2011年修订）第四条、第五条之规定，行政区域内的房屋征收与补偿工作由市、县级人民政府负责。市、县级人民政府确定的房屋征收部门组织实施本行政区域的房屋征收与补偿工作。

当然，房屋征收部门也可以委托房屋征收实施单位承担房屋征收与补偿的具体工作，但是房屋征收实施单位不得以营利为目的，而且房屋征收部门对房屋征收实施单位在委托范围内实施的房屋征收与补偿行为负责监督，并对其行为后果承担法律责任。

因此，电网建设项目施工场地的征拆工作，通常由项目所在地市、县级政府确定的房屋征收部门或其委托的房屋征收实施单位按照法律规定的内容和程序组织实施。

（三）土地、房屋征收及补偿

1. 土地的征收及补偿

电网建设项目施工场地通常使用国有建设用地，若需占用农用地，则应按《土地管理法》（2004年修订）的规定办理相应手续。根据《土地管理法》（2004年修订）第四十四条的规定，建设占用土地，涉及农用地转为建设用地的，应当办理农用地转用审批手续。

征收土地的同时需要依法给予被征收人相应的补偿。《电力法》（2015年修订）第十六条规定，电力建设项目使用土地，应当依照有关法律、行政法规的规定办理；依法征收土地的，应当依法支付土地补偿费和安置补偿费，做好迁移居民的安置工作。

涉及具体的补偿费用，《物权法》（2007年修订）第四十二条规定，征收集体所有的土地，应当依法足额支付土地补偿费、安置补助费、地上附着物和青苗的补偿费等费用，安排被征地农民的社会保障费用，保障被征地农民的生活，维护被征地农民的合法权益。需要重点注意的是，根据《土地管理法》（2004年修订）第四十七条的规定，征收土地要按照被征收土地的原用途给予补偿。

一般来说，土地征收补偿费用包括：①土地补偿费是指用地单位对被征地的农村集体经济组织因其土地被征收所造成的经济损失进行的一种补偿费用，通常包括耕地补偿费和其他土地补偿费。②青苗补偿费是指用地单位对被征收土地上的青苗因征地受毁损而给予土地承包者或土地使用者的一种补偿费用。③土地附着物补偿费是指被征收土地上的附着物因征地被毁损而向所有人支付的补偿费用。土地附着物是除青苗以外依附于被征用土地上的物品，如水井、道路、管线、水渠等。④安置补助费是指用地单位对被征地单位或个人安置因征地所造成的富余劳动力而支付的补助金额。

2. 房屋的征收及补偿

电网建设项目施工场地征拆工作除征收土地以外，还涉及房屋征收及补偿的问题。根据《物权法》（2007年修订）第四十二条的规定，征收单位、个人的房屋及其他不动产，应当依法给予征收补偿，维护被征收人的合法权益；征收个人住宅的，还应当保障被征收人的居住条件。另据《国有土地上房屋征收与补偿条例》（2011年修订）第二条的规定，为了公共利益的需要，征收国有土地上单位、个人的房屋，应当对被征收房屋所有权人（以下称被征收人）给予公平补偿。

房屋征收分为城市房屋征收和农村房屋征收，因此房屋征收补偿又可分为城市房屋征收补偿和农村房屋征收补偿。城市房屋征收对象通常包括建筑、临时建筑、房屋及附着物，主要对被征收房屋的所有权、附属物的所有权和收益权进行补偿。根据《国有土地上房屋征收与补偿条例》（2011年修订）第十七条的规定，做出房屋征收决定的市、县级人民政府对被征收人给予的补偿包括：①被征收房屋价值的补偿；②因征收房屋造成的搬迁、临时安置的补偿；③因征收房屋造成的停产停业损失的补偿。具体来说，城市房屋征收的费用包括被征收房屋补偿费、搬迁补偿费、临时安置补偿费、非住宅停产、停业补偿费。

至于补偿的形式，根据《国有土地上房屋征收与补偿条例》（2011年修订）第二十一条的规定，被征收人可以选择货币补偿，也可以选择房屋产权调换，即包括货币补偿、产权调换两种形式。一般情况下，被征收人可以自主选择征收补偿方式。需要强调的是，对未超过审批期限的临时建筑和合法建筑予以补偿，对超过审批期限的临时建筑和违法建筑不予补偿。

国家对农村房屋征收补偿无统一规定，由各地政府根据当地实际情况做出相应的规定，补偿范围与城市房屋征收补偿范围基本一致。

（四）征拆补偿标准

电网建设项目征拆补偿需要综合考虑经济社会发展水平、被征收土地的原有用途、耕地平均年产值、农业人口数、土地附着物的物理状态和权属情况、青苗数量、农民原有生活水平、征收房屋的市场价格等相关因素，制定相应的补偿标准。

1. 《土地管理法》（2004年修订）的相关规定

①征收耕地的土地补偿费，为该耕地被征收前三年平均年产值的六至十倍。②征收耕地的安置补助费，按照需要安置的农业人口数计算。需要安置的农业人口数，按照被征收的耕地数量除以征地前被征收单位平均每人占有耕地的数量计算。每一个需要安置的农业人口的安置补助费标准，为该耕地被征收前三年平均年产值的四至六倍。但是，每公顷被征收耕地的安置补助费，最高不得超过被征收前三年平均年产值的十五倍。③征收其他土地的土地补偿费和安置补助费标准，由省、自治区、直辖市参照征收耕地的土地补偿费和安置补助费的标准规定。④被征收土地上的附着物和青苗的补偿标准，由省、自治区、直辖市规定。⑤征收城市郊区的菜地，用地单位应当按照国家有关规定缴纳新菜地开发建设基金。⑥依照②规定支付土地补偿费和安置补助费，尚不能使需要安置的农民保持原有生活水平的，经省、自治区、直辖市人民政府批

准，可以增加安置补助费。但是，土地补偿费和安置补助费的总和不得超过土地被征收前三年平均年产值的三十倍。

2.《国有土地上房屋征收与补偿条例》(2011 年修订) 的相关规定

对被征收房屋价值的补偿，不得低于房屋征收决定公告之日被征收房屋类似房地产的市场价格。被征收房屋的价值，由具有相应资质的房地产价格评估机构按照房屋征收评估办法评估确定。

三、农用地与集体财产问题处理的特殊要求

电网建设项目在规划和建设过程中，不可避免地会涉及征收农用地与集体财产的问题。按照《土地管理法》(2004 年修订) 和国土资源部颁布的《土地分类》的规定，农用地主要指用于农业生产的土地，包括耕地、园地、林地、牧草地及其他农用地。另据《物权法》第五十八条的规定，集体所有的不动产和动产包括：①法律规定属于集体所有的土地和森林、山岭、草原、荒地、滩涂；②集体所有的建筑物、生产设施、农田水利设施；③集体所有的教育、科学、文化、卫生、体育等设施；④集体所有的其他不动产和动产。

(一) 农用地征收的审批

一般来说，电网建设项目建设过程需要使用土地的，必须依法申请使用国有土地。但是涉及农用地的，根据《土地管理法》(2004 年修订) 第四十四条的规定，建设占用土地，涉及农用地转为建设用地的，应当办理农用地转用审批手续。

1. 农用地转为建设用地，应符合相关指标和规划

农用地转为建设用地的，应当符合土地利用总体规划和土地利用年度计划中确定的农用地转用指标以及符合城市规划和村庄、集镇规划。根据《土地管理法实施条例》第十九条的规定，建设占用土地，涉及农用地转为建设用地的，应当符合土地利用总体规划和土地利用年度计划中确定的农用地转用指标；城市和村庄、集镇建设占用土地，涉及农用地转用的，还应当符合城市规划和村庄、集镇规划。不符合规定的，不得批准农用地转为建设用地。

2. 农用地转为建设用地的审批主体

涉及农用地转用的审批主体的问题，《土地管理法》（2004 年修订）第四十四规定，省、自治区、直辖市人民政府批准的道路、管线工程和大型基础设施建设项目、国务院批准的建设项目占用土地，涉及农用地转为建设用地的，由国务院批准。在土地利用总体规划确定的城市和村庄、集镇建设用地规模范围内，为实施该规划而将农用地转为建设用地的，按土地利用年度计划分批次由原批准土地利用总体规划的机关批准。在已批准的农用地转用范围内，具体建设项目用地可以由市、县人民政府批准。除上述以外的建设项目占用土地，涉及农用地转为建设用地的，由省、自治区、直辖市人民政府批准。

3. 征收范围及审批主体

电网建设项目若需征收基本农田、耕地、其他土地的，根据《土地管理法》（2004 年修订）第四十五条的规定，国务院批准征收基本农田、基本农田以外超过三十五公顷的耕地和超过七十公顷的其他土地。征收除该范围以外的土地，由省、自治区、直辖市人民政府批准，并报国务院备案。征收农用地的，应当依照本法第四十四条的规定先行办理农用地转用审批。其中，经国务院批准农用地转用的，同时办理征地审批手续，不再另行办理征地审批；经省、自治区、直辖市人民政府在征地批准权限内批准农用地转用的，同时办理征地审批手续，不再另行办理征地审批，超过征地批准权限的，应当依照本条第一款的规定另行办理征地审批。

（二）集体财产征收

1. 集体财产征收补偿的归属及分配问题

电网建设项目征收集体财产的过程，相应会涉及补偿及其归属与分配的问题。根据《土地管理法实施条例》的规定，土地补偿费归农村集体经济组织所有；地上附着物及青苗补偿费归地上附着物及青苗的所有者所有。农村集体经济组织或村民委员会、村民小组可依法决定在集体经济组织内部分配已经收到的土地补偿费。《土地管理法》第四十九条规定，被征地的农村集体经济组织应当将征收土地的补偿费用的收支状况向本集体经济组织的成员公布，接受监督。

此外，征收土地的安置补助费必须专款专用，不得挪作他用。需要安置的人员由农村集体经济组织安置的，安置补助费支付给农村集体经济组织，由农村集体经济组织管理和使用；由其他单位安置的，安置补助费支付给安置单位；不需要统一安置的，安置补助费发放给被安置人员个人或者征得被安置人员同意后用于支付被安置人员的保险费用。

2. 集体财产征收补偿分配过程的权利救济

对于征地补偿安置方案确定时已经具有本集体经济组织成员资格的成员请求支付相应份额的，依据《最高人民法院关于审理涉及农村土地承包纠纷案件适用法律问题的解释》（法释〔2005〕6 号）第二十四条的规定，农村集体经济组织或者村民委员会、村民小组，可以依照法律规定的民主议定程序，决定在本集体经济组织内部分配已经收到的土地补偿费。征地补偿安置方案确定时已经具有本集体经济组织成员资格的人，请求支付相应份额的，应予支持。

此外，村民或集体经济组织成员认为集体经济组织、村民委员会或者其负责人做出的决定侵害其合法权益的，可以依据《物权法》（2007 年修订）第六十三条的规定，受侵害的集体成员可以请求人民法院予以撤销。

因此，电网建设项目涉及集体财产征收的，在与农村集体经济组织、村民委员会商讨、签补偿协议前，应要求农村集体经济组织、村民委员会征求其成员的意见，避免发生成员以农村集体经济组织、村民委员会或其负责人做出的决定侵害集体成员合法利益为由，请求人民法院予以撤销的情况发生，从而影响项目的征收及施工进度。

第二节　电网建设项目施工场地征拆法律风险防范

一、施工场地征拆工作法律风险分析

（一）土地征收工作的法律风险

1. 集体土地征收程序不到位易引发纠纷

目前对集体所有的土地进行征收，往往直接与集体经济组织签订协议，忽视征求该集体成员的意见。《物权法》（2007 年修订）第六十三条赋予了农村集体经济组织成员的撤销权，若集体经济组织、村民委员会或其负责人做出的决定侵害集体成员合法权益的，受侵害的集体成员可以请求人民法院予以撤销。因此若农村集体经济组织成员提起撤销权之诉，将增加电网建设项目征地的难度。

2. 补偿标准不统一导致补偿矛盾突出

由于《土地管理法》（2004年修订）并未对所有的补偿项目做出具体规定，如除耕地外的其他土地的土地补偿标准由各省、自治区、直辖市参照耕地的补偿标准，因而补偿标准高低不一，落实较为困难。不同省市之间补偿标准各不相同，就是在同一省市中，不同地区的补偿标准也不尽相同。以上差异的存在，容易导致被拆迁人心理不平衡，产生矛盾。但困难的是，即使电网企业愿意实行一省市一标准的做法，但地方政府不能接受，地方政府担心此举会抬高当地的补偿标准，导致其他用地单位难以支付补偿费用。在《物权法》已实施的情况下，民众依据《物权法》的规定，指责电网企业的补偿不符合《物权法》的要求，会给电网企业带来困难。

另外，被征地农民社会保障费用的补偿标准不明确也存在风险。根据《物权法》的规定，征收集体所有的土地，除应依法足额支付土地补偿费、安置补助费、地上附着物和青苗补偿费以外，还需另行安排被征地农民的社会保障费用，保障被征地农民的生活。然而社会保障费用的补偿标准并不明确，这不仅将增加土地征收补偿成本，还将导致村集体经济组织成员提起撤销权之诉的风险。

3. 补偿协议条款设置不合理、履约不规范

政府与集体经济组织达成的土地征拆补偿协议具有行政协议的性质，受偿主体为农村集体经济组织或土地承包经营权人。由于我国《宪法》（2018年修订）和《土地管理法》（2004年修订）及其实施条例等法律和行政法规有关土地征收补偿的内容不够健全，补偿协议的条款设置不合理，缺乏可操作性；或是补偿协议签订后不规范履约，容易导致不必要的纠纷乃至诉讼，从而影响电网建设项目的施工进度。目前拆迁补偿事宜一般交给乡政府或村委会等基层自治组织实施。乡政府或村委会等基层组织在与土地相关权利人处理补偿事宜时，不签署补偿协议，或者协议过于简单；有的有领取补偿款的收据，有的只有一张白条。补偿协议形式不规范已经带来一定的隐患，如出现了村民拿了乡政府的补偿款，但由于补偿协议条款未明确约定，还找到电网企业要求补偿的情况。

4. 不及时施工导致二次补偿的风险

依据《土地管理法》（2004 年修订）的规定，若已办理审批手续的非农业建设项目占用耕地，一年内不用而又可耕种并收获的，应当由原耕种该幅耕地的集体或个人恢复耕种，也可由用地单位组织耕种。因此，征地后没有及时开工，村民补种青苗，在开工时又要求给予青苗补偿费，将增加不必要的建设成本。

（二）房屋征收工作的法律风险

1. 房屋征收不符合法定程序会导致承担责任的风险

根据《国有土地上房屋征收与补偿条例》（2011 年修订）第十条规定，房屋征收部门拟定征收补偿方案，报市、县级人民政府。市、县级人民政府应当组织有关部门对征收补偿方案进行论证并予以公布，征求公众意见。征求意见期限不得少于三十日。集体土地上的房屋征收参照《国有土地上房屋征收与补偿条例》（2011 年修订）的精神执行。电网建设项目中，建设单位为赶建设进度，私自与被征收人进行征收评估，签订征收协议，要求被征收人提早搬迁；或是未依法进行征收程序，而是采用暴力、威胁方法；或是违反规定中断供水、供热、供气、供电和道路通行等非法方式迫使被征收人搬迁；或是未保障被征收人行使权利救济途经的，将承担行政责任、刑事责任或是其他相关的法律责任。

2. 征收补偿协议条款设置不合理、履约不规范的风险

房屋征收补偿协议中，某些条款设置不合理，缺少可操作性；补偿协议签订后，履约过程出现补偿内容不完全，补偿支付方式不明确等问题，极易产生纠纷，对房屋征收过程造成一定影响。

3. 房屋征收补偿标准不一的风险

《国有土地上房屋征收与补偿条例》（2011 年修订）规定，对被征收房屋价值的补偿，不得低于房屋征收决定公告之日被征收房屋类似房地产的市场价格，其价值由具有相应资质的房地产价格评估机构评估确定。因征收房屋造成搬迁的，房屋征收部门应当向被征收人支付搬迁费；选择房屋产权调换的，产权调换房屋交付前，房屋征收部门应当向被征收人支付临时安置费或者提供周转用房。对因征收房屋造成停产停业损失的补偿，根据房屋被征收前的效益、停产停业期限等因素确定，具体办法由省、自治区、直辖市制定。以上房屋征收补偿标准不一，且涉及停产停业损失赔偿等变量因素，将可能面临被征收人提起诉讼的风险。

二、施工场地征拆工作法律风险防范

（一）土地征收工作的法律风险防范

1. 明确土地征收及补偿的权利与义务主体

我国实行土地国有或集体所有的土地制度。因电网建设项目属于公共设施，因此按照法律的规定，电网建设项目中建设变电站需要的永久用地，应由市、县人民政府土地行政主管部门以划拨的方式提供。若永久用地属于国有土地的，须由建设单位与市、县人民政府土地行政主管部门签订国有土地使用合同；若永久用地属于集体所有，需先征收为国有土地，然后再以划拨方式提供。

电网建设项目中的土地征收实施主体为政府土地行政主管部门，受偿主体为农村集体经济组织或土地承包经营权人，土地补偿费归农村集体经济组织所有，地上附着物和青苗补偿费归所有者所有。征收土地的安置补助费必须专款专用，不得挪为他用。

2. 规范征地补偿安置协议条款与履约过程

合理设置补偿协议条款，应当包括以下条款及内容：①协议双方当事人，即征地单位和被征地单位；②征地面积及范围；③土地征收的补偿费和安置补助费的标准及支付方式；④安置方法；⑤双方就征地事项的责任；⑥工程临时用地（若有）；⑦其他事项。征地补偿安置协议也需规范签订后的履约过程，从主体资格的审查、签订授权，协议生效后的履约管理、争议解决，协议提前终止的解决，协议失效后的全过程，均须合法化、规范化操作。

3. 重视《物权法》对土地征收的影响

《物权法》（2007年修订）第四十二条规定了土地征收的三项原则，即公共利益原则，基于公共利益的需要才能征收土地；依法征收原则，征收土地必须依照法律规定的权限和程序；足额补偿原则，即依法足额支付土地补偿费、安置补助费、地上附着物和青苗的补偿费等费用，安排被征地农民的社会保障费用，保障被征地农民的生活，维护被征地农民的合法权益。因此建议在签订协议前，要求农村集体经济组织、村民委员会征求并考虑成员意见，或将村民会议形成的相关决议作为征地补偿安置协议的附件。

（二）房屋征收工作的法律风险防范

1. 房屋征收的主体合法

根据《国有土地上房屋征收与补偿条例》（2011年修订）的规定和要求，市、县级人民政府负责本行政区域的房屋征收与补偿工作，并确定房屋征收部门组织实施本行政区域的房屋征收与补偿工作。若房屋征收部门委托房屋征收实施单位承担房屋征收与补偿具体工作的，应签署委托协议明确各自的权利和义务。

2. 房屋征收的程序合法

根据《国有土地上房屋征收与补偿条例》（2011年修订）的规定和要求，房屋征收部门应先拟定征收补偿方案，报市、县级人民政府审查，并应组织有关部门对征收补偿方案进行论证并予以公布，征求公众意见。市、县级人民政府应当将征求意见情况和根据公众意见修改的情况及时公布。

3. 规范房屋征收补偿协议条款与履约过程

房屋征收部门与被征收人依照规定，就补偿方式、补偿金额和支付期限、用于产权调换房屋的地点和面积、搬迁费、临时安置费或者周转用房、停产停业损失、搬迁期限、过渡方式和过渡期限等事项，订立补偿协议。履约过程中，从签约主体资格审查，签订授权，协议生效后的履约管理、争议解决，协议提前终止的解决，协议失效后的全过程，均需合法化、规范化操作。

（三）规范征拆工作的重点环节与事项

（1）工程交桩后，要对线路沿线占地、拆迁、砍伐、跨域等情况进行摸底，主要内容包括项目途经的县市、乡镇、村落情况，项目所占土地情况，可能发生的临时占地情况，乡土风情、民风民俗，耕作物、经济作物、林木等的种植生长周期、收成及市场价格情况，土地征收的费用情况，房屋搬迁的价格水平，各种障碍物清理的价格水平，各村落、乡镇负责人的情况。

（2）整理现场信息并制成表格，审核施工合同、施工图纸的合法性、相符性、正确性，核对承包方的工作范围。

（3）电网建设项目的相关职能单位应加强沟通，信息共享。建设单位与施工单位或受托补偿单位应加强沟通，确保充分掌握征拆工作的开展情况；建设单位应及时向管理单位全面汇报征拆工作的进展情况。

（4）建设单位应协同项目属地的供电单位，加强与当地政府沟通，并积极寻求政府有力且实质性的支持。

（5）明确补偿对象并及时签订补偿协议。责任单位应通过与村委会、被征拆人接触，确定补偿对象、种类、规模、数量，协商补偿费用后，及时签订补偿协议。

（6）征拆资料要留存并整理、归档。电网建设项目竣工后，要及时对留存的资料进行整理和归档，保证资料的准确性和完整性。

（四）电力杆塔基础无须征地但需补偿

电网建设项目中，电力杆塔基础占地是否需要征用建设用地，各省的做法不一。绝大多数省份的做法是杆塔不征地，如江苏、重庆、广东、河南、辽宁、黑龙江等省市均以地方法规的形式明确规定杆塔不征地。

浙江省的做法和全国大部分省市基本一致。根据《浙江省电网设施建设保护和供用电秩序维护条例》（2014 年修订版）第八条的规定，对不需要办理土地征收手续的架空电力线路的杆（塔）基础、拉线基础用地，电网设施建设单位应当给予土地承包经营权人、集体土地所有权人或者建设用地使用权人等权利人相应补偿。线杆、杆塔不征地，有利于简化办理程序，节约投资成本，避免土地资源的浪费。

（五）规范电力线路跨越房屋的相关工作

根据《电力设施保护条例》（2011 年修订版）的规定，新建架空电力线路不得跨越储存易燃、易爆物品仓库的区域；一般不得跨越房屋，特殊情况需要跨越房屋时，电力建设企业应采取安全措施，并与有关单位达成协议。另据《电力设施保护条例实施细则》的规定，架空电力线路一般不得跨越房屋。对架空电力线路通道内的原有房屋，架空电力线路建设单位应当与房屋产权所有者协商搬迁，迁拆费不得超出国家规定标准；特殊情况需要跨越房屋时，设计建设单位应当采取增加杆塔高度、缩短档距等安全措施，以保证被跨越房屋的安全。被跨越房屋不得再行增加高度。超越房屋的物体高度或房屋周边延伸出的物体长度必须符合安全距离的要求。

第三节　典型案例评析

案例十四：新建线路合规跨房屋　诉请补偿于法无据

案情简述

原告薛某、郑某系夫妻关系，二人在某村拥有住宅一处。涉案线路于2007年经该省发改委核准建设，2011年竣工时该省辐射环境监管站出具检测报告，认为涉案线路已具备建设项目竣工环境保护验收的条件。涉案线路在建设时途经了二原告的该住宅正上方，被告供电公司系涉案线路的直接管理和建设单位。二原告诉称，供电公司在其居住房屋的正上方架设了220千伏高压输电线路，并已于2011年5月通电。原告房屋年久失修漏雨，根据《电力法》（2015年修订版）相关规定，原告不能对房屋进行重修，而应当搬迁异地安置，要求依据《某市国有土地上房屋征收与补偿办法》进行安置赔偿。但被告未按国家规定对原告进行安置赔偿，因此诉至法院，请求法院判决被告赔偿拆迁安置补偿损失30万元。

法律分析

本案的争议焦点在于，新建电力线路跨越他人房屋，供电公司是否应支付拆迁安置补偿费。

1. 并非完全禁止新建架空电力线路跨越房屋

根据《电力设施保护条例》（2011年修订版）、《电力设施保护条例实施细则》（2017年修订版），新建架空电力线路一般不得跨越房屋，但是特殊情况下需要跨越房屋时，电力建设企业应采取增加杆塔高度、缩短档距等安全措施，以保证被跨越房屋的安全。被跨越房屋不得再行增加高度，超越房屋的物体高度或房屋周边延伸出的物体长度必须符合安全距离的要求。当然，需要与被跨越房屋的有关单位或个人达成协议，支付相应的补偿费用。

2. 新建架空电力线路跨越房屋不一定需要拆迁安置

根据中华人民共和国住房和城乡建设部发布的 GB 50545—2010《110～750kV 架空输电线路设计规范》13.0.4-1 规定，在最大计算弧垂情况下，220kV 导线与建筑物之间的最小垂直距离为 6 米。本案中供电公司架设的涉案线路虽从原告薛某与郑某的房屋上经过，但距原告房屋屋顶的垂直距离分别为10.6 米和 12 米，均远远超过上述规范规定"220kV 导线与建筑物之间的最小垂直距离为 6 米"的要求，且涉案线路也经过了环保验收。

因此，在符合国家安全标准的技术规范要求和相关规定的前提下，新建架空电力线路可以跨越他人房屋的，无须进行拆迁安置补偿；被跨越房屋所有权人要求拆迁安置补偿于法无据。

🔘 启示建议

1. 新建电网项目建设应严格遵守国家相应的规定、规划和标准

新建电网项目建设过程中，从项目立项核准审批程序到项目开工建设，应严格遵守国家相应的规定、安全标准、技术规范和环保标准，项目建设过程应符合规划和有关技术规范与技术标准，建成投入运行后符合环保标准和国家相关的规定，做到依法开工、依法建设、依法管理和维护。

2. 架空线路跨越房屋应重视安全措施和协议签订

在新建架空电力线路跨越他人房屋时，应当采取增加杆塔高度、缩短档距等安全措施；同时与跨越房屋的所有权人或是使用权人签订相关协议，除明确相应的补偿事项外，还应明确约定被跨越房屋不得自行增加高度、超越房屋的物体高度或房屋周边延伸出的物体长度必须符合安全距离的要求等内容，防范相关的法律风险。

第十一章　临时用地、临时建设工程的法律风险

我国土地资源紧张，人们对土地利用的关注度日趋增高。电网企业建设项目，需要临时占用土地、临时建设的，应特别注意用地、临时建设的合法合规性，节约用地，避免乱占、滥用土地现象，按照规定开展临时建设，保证电网企业建设项目的顺利开工。

第一节　临时用地、临时建设工程

一、临时用地、临时建设工程概述

电网建设临时用地是指在电网建设项目中，建设施工或地质勘查过程需要临时使用国有土地或集体土地。临时用地具有使用土地的临时性和不改变原土地使用性质的特点。

临时建设工程是指经政府城乡规划主管部门批准，临时建设、临时使用，且在批准期限届满自行拆除的临时工程。临时建设工程具有如下特征：

（1）临时建设项目须经城市、县人民政府城乡规划主管部门批准，取得《临时建设工程规划许可证》方可建设，期限一般不超过两年；此外《中华人民共和国城乡规划法》（2008 年修订）第四十四条明确规定，在城市、镇规划区内进行临时建设的，应当经城市、县人民政府城乡规划主管部门批准。临时建设影响近期建设规划或者控制性详细规划的实施以及交通、市容、安全等的，不得批准。

（2）临时用地单位取得城乡规划主管部门核发《临时建设用地规划许可证》后，方可申领《临时建设工程规划许可证》。已向县级以上人民政府国土资源主管部门申请办理临时用地审批手续是申请办理《临时建设工程规划许可证》的前置性条件。

（3）临时建设不得影响近期建设规划或者控制性详细规划的实施以及交通、市容、安全；不得改变临时用地用途和建筑用途；不得在临时用地建设（半）永久性建筑物、构筑物；结构不超出二层；材料上无特殊要求的，不得采用现浇钢筋混凝土等耐久性材料。

（4）《城乡规划法》（2008 年修订）第四十四条规定，临时建设应当在批准的使用期限内自行拆除。因实施城乡规划的需要，需提前收回临时建设用地的，原建设单位应及时拆除临时建筑物、构筑物，合法权益受到损害的，可予以适当补偿。

（5）《临时建设工程规划许可证》到期自行失效，若需继续使用，应当重新申请。

二、临时用地的范围

并非所有的建设项目均可以申请使用临时用地。根据《土地管理法》（2004年修订）第五十七条及《土地管理法实施条例》第二十七条等相关规定，可以申请使用临时用地的有：

（1）建设项目施工需要使用临时用地的；

（2）工程勘察、地质勘查需要使用临时用地的；

（3）抢险救灾需要先行使用临时土地的；

（4）符合法律、法规规定的其他需要使用临时用地的。

在此基础上，浙江、湖南、福建等省份又通过颁布《临时用地管理办法》等地方规范性文件进一步细化临时用地的范围。以浙江省为例，《浙江省临时用地管理办法（试行）》（浙土资发〔2016〕31 号文）明确规定，临时用地是指浙江省范围内因建设项目施工、地质勘查、抢险救灾等需要，经依法审批，按照临时使用土地合同约定使用的或抢险救灾急需临时使用的国有土地或农民集体所有的土地。临时用地范围包括：

（1）工程项目建设施工临时用地，包括工程建设施工中设置的临时办公用房、预制场、搅拌场、拌合站、钢筋加工场、材料堆场、施工及运输便道、其他临时工棚用地；工程建设施工过程中临时性的弃土、弃渣用地；剥离的耕地耕作层土壤储备场所用地；架设地上线路、铺设地下管线和其他地下工程所需临时使用的土地。

（2）地质勘查临时用地，包括建设项目选址、施工等需要对工程地质、水文地质情况进行勘测，探矿需要对矿藏情况进行勘查所需临时使用的土地。

（3）抢险救灾临时用地，包括受灾地区交通、水利、电力、通信、供水等抢险救灾设施和应急安置、医疗卫生等急需使用的土地。

（4）符合法律、法规规定的其他需要使用的临时用地。

三、电网建设项目临时用地的使用申请

（一）申请审批程序

（1）确定临时用地用途及范围。在城市规划区内的临时用地，临时用地单位应出具电网建设项目的立项文件，在报批前，应先经城市规划行政主管部门同意并依法办理《临时建设用地规划许可证》。

（2）临时用地单位委托测绘单位对临时用地进行勘测定界，取得勘测定界成果报告，明确土地权属和种类。

（3）根据土地权属，临时用地单位需与土地行政主管部门或者农村集体经济组织、村民委员会就临时用地补偿和使用后土地的恢复等事项达成一致意见，并签订《临时使用土地合同》（临时使用耕地的还需签订《临时用地复垦合同》），依照合同支付临时使用土地补偿费或复垦相关费用。

（4）临时用地单位向县级以上人民政府土地行政主管部门提出临时用地申请，主管部门对临时用地申请进行审查，作出是否批准临时用地的决定。

（5）临时用地经批准后，临时用地单位缴纳相关税费后，领取《临时用地批准书》，方可合法使用临时用地。

根据《土地管理法》（2004年修订）第五十七条的规定，建设项目施工和

地质勘察需要临时使用国有土地或者集体土地的，由县级以上人民政府土地行政主管部门批准，不必报人民政府批准。

此外，某些省份还根据临时土地的申请使用面积进一步明确规定了具体的审批机关。以浙江省为例，《浙江省实施〈中华人民共和国土地管理法〉办法》（2000 年施行）明确规定，临时使用土地二公顷以下，由县级人民政府土地行政主管部门批准；临时使用土地二公顷以上，由设区的市人民政府土地行政主管部门批准；其中临时使用土地五公顷以上的，应当报省人民政府土地行政主管部门备案。法律、法规规定须事先报经有关部门审核同意的，在报批前，应当先经有关部门同意。

（二）提交的申请材料

一般来说，临时用地申请人（包括单位和个人）向拟申请用地所在地的县级国土资源行政主管部门提出申请并提交的材料包括：

（1）申请人身份证明资料和临时用地申请书。

（2）工程建设项目审批（或核准、备案）文件。

（3）临时使用土地合同。

（4）临时使用农用地的，提交土地复垦协议和土地复垦方案。

（5）相关职能部门的许可文件或审核同意文件，临时使用农村承包土地的，提交承包经营权人意见征求情况材料。

（6）土地权属证明、勘测定界图等材料。

（7）临时使用土地补偿费、土地复垦费用的支付凭证。

（8）其他相关材料。

第二节　临时用地、临时建设工程法律风险防范

一、临时用地、临时建设工程法律风险分析

（一）未批准或违法批准临时用地的法律风险

1. 未经批准或采用欺骗手段骗取批准，非法占用土地的风险

根据《土地管理法》（2004 年修订）第七十六条之规定，未经批准或者采

取欺骗手段骗取批准，非法占用土地的，由县级以上人民政府土地行政主管部门责令退还非法占用的土地；对违反土地利用总体规划擅自将农用地改为建设用地的，限期拆除在非法占用的土地上新建的建筑物和其他设施，恢复土地原状；对符合土地利用总体规划的，没收在非法占用的土地上新建的建筑物和其他设施，可以并处罚款；对非法占用土地单位的直接负责的主管人员和其他直接责任人员，依法给予行政处分；构成犯罪的，依法追究刑事责任。

2. 无批准权限的单位或者个人非法批准的风险

有批准权限的单位或者个人超越权限非法批准，如非建设项目施工和地质勘查需要而给予批准临时用地，或不按照土地利用总体规划确定的用途批准，或违反法律规定的程序批准的。根据《土地管理法》（2004 年修订）第七十八条之规定，无权批准征收、使用土地的单位或者个人非法批准占用土地的，超越批准权限非法批准占用土地的，不按照土地利用总体规划确定的用途批准用地的，或者违反法律规定的程序批准占用、征收土地的，其批准文件无效。对非法批准征收、使用土地的直接负责的主管人员和其他直接责任人员，依法给予行政处分；构成犯罪的，依法追究刑事责任。非法批准、使用的土地应当收回，有关当事人拒不归还的，以非法占用土地论处。

（二）违法使用临时用地的法律风险

1. 临时用地期满拒不归还的法律风险

临时用地期限届满，用地单位应按照临时使用土地合同，将土地交还该土地的所有权人或管理人。若临时用地期满拒不归还，根据《土地管理法》（2004 年修订）第八十条和《土地管理法实施条例》（2014 年修订）第四十三条之规定，由县级以上人民政府土地行政主管部门责令交还土地，处以罚款，罚款数额为非法占用土地每平方米 10 元以上 30 元以下。

2. 不按照批准的用途使用临时用地的法律风险

由于有些电力项目施工期限较长，存在着提高原来应修建的建议施工用房、设施标准，变成永久性建筑物的风险。根据《土地管理法》（2004 年修订）第八十条和《土地管理法实施条例》（2014 年修订）第四十三条之规定，不按照批准的用途使用临时用地的，由县级以上人民政府土地行政主管部门责令交还土地，处以罚款，罚款数额为非法占用土地每平方米 10 元以上 30 元以下。另据《土地管理法实施条例》（2014 年修订）第三十五条之规定，在临时使用的土地上修建永久性建筑物、构筑物的，由县级以上人民政府土地行政主管部门责令限期拆除；逾期不拆除的，由作出处罚决定的机关依法申请人民法院强制执行。

（三）未取得《临时建设工程规划许可证》的法律风险

根据《城乡规划法》（2015 年修订）第六十四条的规定，未取得建设工程规划许可证或者未按照建设工程规划许可证的规定进行建设的，由县级以上地方人民政府城乡规划主管部门责令停止建设；尚可采取改正措施消除对规划实施的影响的，限期改正，处建设工程造价百分之五以上百分之十以下的罚款；无法采取改正措施消除影响的，限期拆除，不能拆除的，没收实物或者违法收入，可以并处建设工程造价百分之十以下的罚款。

《城乡规划法》（2015 年修订）第六十六条规定，建设单位或者个人有下列行为之一的，由所在地城市、县人民政府城乡规划主管部门责令限期拆除，可以并处临时建设工程造价一倍以下的罚款：①未经批准进行临时建设的；②未按照批准内容进行临时建设的；③临时建筑物、构筑物超过批准期限不拆除的。

二、临时用地、临时建设工程法律风险防范

（一）规范《临时使用土地合同》的签订

签订《临时使用土地合同》是申请使用临时用地的前提基础，规范合同签订主体、合同内容是保证合同合法合理的关键点。临时用地使用者根据土地权属，与有关土地行政主管部门或者农村集体经济组织、村民委员会签订临时使用土地合同，并按照合同约定支付临时使用土地补偿费。临时使用农用地的，应当签订临时用地复垦协议，编制土地复垦方案。

1. 规范合同签订主体

临时使用未确定使用权的国有土地的，由申请人与县级国土资源行政主管部门签订临时使用土地合同，其中临时使用已纳入土地储备的国有土地的，由申请人与土地储备机构签订临时使用土地合同；临时使用已确定使用权的国有

土地的，由申请人与国有土地使用权人签订临时使用土地合同；临时使用农民集体所有土地的，由申请人与土地所属的农村集体经济组织签订临时使用土地合同。

2. 规范合同签订内容

《临时使用土地合同》的内容通常应当载明临时用地的地点、四至范围、面积与土地现状地类，土地用途和使用期限，土地复垦措施，土地补偿费、青苗和地上附着物的补偿标准、金额、支付方式与期限，以及违约责任等内容。如临时用地对原土地使用者或者承包经营者造成损失的，根据土地权属，分别由土地行政主管部门或者农村集体经济组织用收取的临时用地补偿费予以补偿，补偿标准一般根据损失的大小及日后的影响，由原土地使用者、承包经营者、土地所有权人和临时用地者通过临时使用土地合同进行约定。

(二) 规范临时用地的使用期限

根据《土地管理法》（2004 年修订）及《土地管理法实施条例》的规定，临时使用土地的期限一般不超过 2 年，临时使用土地期满，土地使用者应当退还土地并恢复土地原状；临时占用耕地的，应当自临时用地期满 1 年内恢复种植条件。

此外，临时使用土地的期限能否与项目建设周期一致，各地的规定、做法各不相同。以浙江省为例，《浙江省临时用地管理办法（试行）》（浙土资发〔2016〕31 号文）第十五条规定，临时用地的期限一般不超过 2 年。其中批准探矿权人临时用地或国家、省批准立项的交通、能源、水利、军事设施等项目的，临时用地期限可以与探矿权许可期限或项目建设周期一致。

临时用地期限届满，一般不予办理延期或重新申请手续。涉及项目主体工程延期等特殊情况，期满确需继续使用临时用地的，原则上应当提供相关证明材料，经有关土地行政主管部门或者农村集体经济组织、村民委员会同意，并经国土资源行政主管部门审批同意，重新办理临时用地审批手续。

(三) 规范临时用地的使用用途

临时用地使用者在使用期内应当按照《临时使用土地合同》约定的用途使用临时用地，不得擅自改变土地用途及土地权属性质，使用期满应及时退还土地，不得转让、出租、出借场地，不得在地上修建永久性建筑物、构筑物。

抢险救灾先行使用临时用地，应告知临时用地的权利人，灾后恢复原状并交还原土地使用者使用，不再办理用地审批手续。临时用地不得占用基本农田，临时使用农用地的，应重视土地复垦的相关工作。临时用地使用者应及时足额支付临时用地补偿费用（包括土地补偿费、青苗及地上附着物补偿费），方可获得由国土资源行政主管部门作出的临时用地批准文件。补偿费用不到位的，不得动工使用临时用地。临时使用土地，首先应尽量考虑安排在永久性征地范围内，节约用地，节省建设资金。

第三节 典型案例评析

案例十五：临用地已补偿复垦 诉请恢复于法无据

案情简述

2012 年，某电网公司报经国家发展改革委批准建设某工程项目，批复明确：某省电力公司作为项目法人，分别负责所投资项目的建设、经营等。某省电力公司将相关征地、补偿等事宜委托当地政府处理。

在该项目建设过程中需要在张某经营的部分土地进行地下 3.5 米处埋线，因此临时占用张某部分土地。2013 年测定临时使用张某经营的土地为 738 平方米（按 2 亩计），补偿油菜损失 6000 元，土地临时使用费（租金）6400 元，合计 12400 元。张某领取了 12400 元补偿费。电力公司于 2014 年 1 月开始在张某的土地上进行施工，完工后及时进行了复垦，并可正常耕种。

其后，张某对该电力公司提起了民事诉讼。张某诉称，其合法取得该土地承包经营权，但电力公司强行侵占原告的承包土地，侵犯了原告的合法权益，因此提起诉讼，诉请法院判令：①确认被告强占原告经营权土地行为违法；②判令被告停止侵害、限期拆除修建在原告经营权土地中的永久性建筑物，将土地恢复原状；③判令被告承担本案诉讼费。

一审过程中，被告电力公司辩称，该工程项目系经依法审批的国家重点项目，项目核准、规划选址、建设用地等审批手续齐全；项目所涉土地中，需长期占用的土地已征收，其他临时使用的土地，是将线路埋在地下 3.5 米处，无须征用土地，临时使用土地后已经复垦并可恢复耕种，且征收征用与临时使用的土地均已依法补偿。因此被告不存在任何过错，也没有实施对原告土地的侵占行为，原告受损的民事权益，实际已得到依法补偿，请求法院依法驳回原告的诉请。

一审法院审理后认定，被告电力公司曾临时使用原告经营的土地，但已进行了补偿和复垦，地下线路不影响正常耕种，故不存在侵害原告合法权益的事实。至于原告要求确认被告强占原告经营土地的行为违法，这不属法院管辖。综上，原告的诉讼请求没有事实和法律依据，因此不予支持。据此判决驳回原告张某的诉讼请求。

张某不服一审判决并提起上诉，请求依法改判。二审法院经审理后认为，被上诉人（电力公司）委托当地政府处理征地、补偿等事宜，故征用上诉人经营土地属于行政行为，被上诉人及当地政府是否有权征用上诉人经营土地、征用程序是否存在违法，不属于民事案件受理范围。被上诉人经营土地现已施工完毕并进行复垦，可正常耕种，地下线路及地上电力设施标志牌等设施不会对上诉人的耕种造成影响。因此，二审法院作出终审判决，驳回张某的上诉，维持原判。

法律分析

本案的争议焦点在于，电力公司临时使用土地并进行补偿和复垦的行为，是否侵害临时用地权利人的合法权益。

1. 临时使用土地应依法申请

本案所涉临时使用的土地虽是将线路埋在地下 3.5 米处并复垦，通过补偿的方式弥补原告张某受损的民事权益；然而按照《土地管理法》（2004 年修订）等法律法规的规定，需要临时使用农民集体所有的土地，由县级以上人民政府土地行政主管部门批准。批准前，临时用地单位应与农村集体经济组织、村民委员会就临时用地补偿等事项达成初步协议，涉及临时使用农村承包土地的，还应当征求承包经营权人的意见；另还需签订临时使用土地合同，并支付临时使用土地补偿费相关费用。

2. 应明确临时使用土地合同的签订主体

本案中，电力公司作为项目法人负责该投资项目的建设与运营，涉及征地补偿等事宜委托当地政府处理，张某也是向当地政府领取临时使用土地的补偿费用的。因此是否签订临时使用土地合同不得而知，涉及临时使用土地的补偿事宜的双方主体，应为当地政府和张某。根据《土地管理法》（2004 年修订）等相关法律法规的规定，临时使用土地合同由临时用地使用者与农村集体经济组织、村民委员会签订，并按照合同约定支付临时使用土地补偿费。若该临时用地属于农村承包土地的，应由临时用地使用者和土地承包经营者签订该合同。

⊗ 启示建议

1. 重视临时用地的申请和审批程序

电网建设项目中不可避免地会同时存在征用土地和临时使用土地两种情形，征用土地按照征用程序进行办理；除非法律法规有例外规定的情况，否则临时使用土地应当依照《土地管理法》（2004 年修订）等相关法律法规的要求，提出临时使用土地的申请，并按照程序提交审批，合法获得使用临时用地的权利，防范相关的法律风险。

2. 签订临时使用土地合同的主体应当适格

电网建设项目涉及征拆补偿等事宜，往往由建设单位委托当地政府处理，一般的征地或者拆迁也由政府与被征地人或被拆迁人签订征拆补偿协议。然而，涉及临时用地的使用、补偿、复垦等事宜，通常在临时使用土地合同中进行约定，由临时用地使用者与农村集体经济组织、村民委员会或土地承包经营者签订。因此，为防范出现临时使用土地合同的纠纷，适格的合同签订主体至关重要。

第十二章　工程施工许可的法律风险

建筑工程施工许可是为了加强对建筑活动的监督管理，维护建筑市场秩序，保证建筑工程的质量和安全。一般来说，没有施工许可证的建设项目均属违章建筑，不受法律保护。因此，需要重视并防范电网建设项目工程施工许可过程的法律风险。

第一节　工程施工许可

一、工程施工许可概述

根据《建筑法》及《建筑工程施工许可管理办法》规定，在中华人民共和国境内从事各类房屋建筑及其附属设施的建造、装修装饰和与其配套的线路、管道、设备的安装，以及城镇市政基础设施工程的施工，建设单位在开工前应当向工程所在地的县级以上人民政府建设行政主管部门申领施工许可证。《建筑工程施工许可证》是建设单位进行工程施工的法律凭证。应当申请领取施工许可证的建筑工程未取得施工许可证的，一律不得开工。

《建筑法》（2011 年修订）第七条确立了我国建筑工程的施工许可制度。工程施工许可属于行政许可的范畴，适用《行政许可法》（2004 年施行）等法律法规，遵循《行政许可法》（2004 年施行）中许可法定、公开公平公正、信赖保护等基本原则。根据《行政许可法》（2004 年施行）的规定，行政许可是指行政机关根据公民、法人或者其他组织的申请，经依法审查，准予其从事特定活动的行为。

二、工程施工许可的基本内容

（一）申请领取《施工许可证》应具备的条件

根据《建筑法》（2011 年修订）、《建筑工程施工许可管理办法》（2014 年施行）的相关规定，建设单位申请领取《施工许可证》，应当具备下列条件，并提交相应的证明文件：

（1）依法应当办理用地批准手续的，已经办理该建筑工程用地批准手续。

（2）在城市、镇规划区的建筑工程，已经取得建设工程规划许可证。

（3）施工场地已经基本具备施工条件，需要征收房屋的，其进度符合施工要求。即施工场地已经基本具备了交通、水电等条件，能够满足施工企业进场的需要。一般应由施工企业主要技术负责人签署是否已经具备施工条件的意见。发证机关可在审批前到施工场地进行现场踏勘。

（4）已经通过招标的形式确定施工企业。按照规定应当招标的工程没有招标，应当公开招标的工程没有公开招标，或者肢解发包工程，以及将工程发包给不具备相应资质条件的企业的，所确定的施工企业无效。依法必须招标的工程项目需提交中标通知书和施工合同；直接发包的工程项目提交直接发包批准手续和施工合同。

（5）有满足施工需要的技术资料，施工图设计文件已按规定审查合格。即建设单位应提交由施工图审查机构出具的审查合格书。

（6）有保证工程质量和安全的具体措施。施工企业编制的施工组织设计中有根据建筑工程特点制定的相应质量、安全技术措施。建立工程质量安全责任制并落实到人。专业性较强的工程项目编制了专项质量、安全施工组织设计，并按照规定办理了工程质量、安全监督手续。

（7）按照规定应当委托监理的工程已委托监理。

（8）建设资金已经落实。建设工期不足一年的，到位资金原则上不得少于工程合同价的 50％，建设工期超过一年的，到位资金原则上不得少于工程合同价的 30％。建设单位应当提供本单位截至申请之日无拖欠工程款情形的承诺书或者能够表明其无拖欠工程款情形的其他材料，以及银行出具的到位资金证明，有条件的可以实行银行付款保函或者其他第三方担保。

（9）法律、行政法规规定的其他条件。

县级以上地方人民政府住房城乡建设主管部门不得违反法律法规规定，增设办理施工许可证的其他条件。

（二）申领《施工许可证》的流程

建设单位应该按照《建筑工程施工许可管理办法》（2014年施行）第五条规定的程序，申请办理《施工许可证》，具体如下：

（1）建设单位向发证机关领取《建筑工程施工许可证申请表》。

（2）建设单位持加盖单位及法定代表人印鉴的《建筑工程施工许可证申请表》，并附本办法第四条规定的证明文件，向发证机关提出申请。

（3）发证机关在收到建设单位报送的《建筑工程施工许可证申请表》和所附证明文件后，对于符合条件的，应当自收到申请之日起十五日内颁发施工许可证；对于证明文件不齐全或者失效的，应当场或者五日内一次告知建设单位需要补正的全部内容，审批时间可以自证明文件补正齐全后作相应顺延；对于不符合条件的，应当自收到申请之日起十五日内书面通知建设单位，并说明理由。

建筑工程在施工过程中，建设单位或者施工单位发生变更的，应当重新申请领取施工许可证。

三、工程施工许可的法律规定

施工许可的相关规定，主要体现在《建筑法》（2011年修订）和《建筑工程施工许可管理办法》（2014年施行）等法律法规中。施工许可的申请与受理、审查与决定、听证、撤销等内容，如在《建筑法》（2011年修订）和《建筑工程施工许可管理办法》（2014年施行）中未予以特别说明的，则应当适用《行政许可法》的相关规定。

（一）需申领《建筑工程施工许可证》的建设项目

依照《建筑法》（2011年施行）、《建筑工程施工许可管理办法》（2014年施行）的相关规定，在中华人民共和国境内从事各类房屋建筑及其附属设施的建造、装修装饰和与其配套的线路、管道、设备的安装，以及城镇市政基础设施工程的施工，建设单位在开工前应当向工程所在地的县级以上地方人民政府住房城乡建设主管部门（以下简称发证机关）申请领取施工许可证。因此，应当申请领取《建筑工程施工许可证》的建设项目未取得《建筑工程施工许可证》的，一律不得开工。

建设单位申请领取施工许可证的工程名称、地点、规模，应当符合依法签订的施工承包合同。施工许可证应当放置在施工现场备查，并按规定在施工现场公开。

（二）无须领取《施工许可证》的建设项目

依照《建筑法》（2011 年施行）、《建筑工程施工许可管理办法》（2014 年施行）的相关规定，以下建设项目可以不领取《施工许可证》：

（1）国务院建设行政主管部门确定的限额以下的小型工程。

（2）按照国务院规定的权限和程序批准开工报告的建筑工程。

（3）工程投资额在 30 万元以下或者建筑面积在 300 平方米以下的建筑工程。

（4）抢险救灾及其他临时性房屋建筑和农民自建低层住宅的建筑活动。

（5）军用房屋建筑工程建筑活动的具体管理办法，由国务院、中央军事委员会依据《建筑法》（2011 年施行）制定。

（6）有关法律、行政法规明确规定不需要办理施工许可手续的建设项目。

第二节　工程施工许可法律风险防范

一、工程施工许可法律风险分析

电网建设根据工程内容不同需办理的手续也不同，在施工准备阶段，主要涉及建设工程规划许可证和开工手续等。如不按规定办理相关手续，则面临法律风险。

（一）与《施工许可证》、开工报告有关的法律风险

除法律规定可以不予办理《施工许可证》的情形外，其他建设工程应当领取《施工许可证》，未领取的一律不得开工。与《施工许可证》及开工报告相关的法律风险主要包括：

（1）未取得《施工许可证》而擅自施工的法律风险。

（2）开工报告未经批准而擅自施工的法律风险。

（3）为规避办理施工许可证将工程项目分解后擅自施工的法律风险。

对于（1）、（2）情形，按照《建筑法》（2011年施行）第六十四条的规定，未取得施工许可证或者开工报告未经批准擅自施工的，责令改正，对不符合开工条件的责令停止施工，可以处以罚款。

对于（1）、（2）情形的处罚，《建设工程质量管理条例》（2017年修正）第五十七条进一步明确规定，建设单位未取得施工许可证或者开工报告未经批准，擅自施工的，责令停止施工，限期改正，处工程合同价款百分之一以上百分之二以下的罚款。

对于（1）、（3）情形，《建筑工程施工许可管理办法》（2014年施行）第十二条规定，对于未取得施工许可证或者为规避办理施工许可证将工程项目分解后擅自施工的，由有管辖权的发证机关责令停止施工，限期改正，对建设单位处工程合同价款百分之一以上百分之二以下罚款；对施工单位处3万元以下罚款。

（二）不符合《施工许可证》申请条件的法律风险

（1）申领《施工许可证》的前置性审批手续未办理或未及时办理，导致建设工程存在非法用地或非法建设的法律风险。主要包括未依法办理《建设用地规划许可证》《土地使用权证》及工程用地批准手续，在城市、镇规划区内未取得《建设工程规划许可证》等。

（2）申领《施工许可证》的施工企业和监理单位招标程序未办理或未及时办理，导致建设工程存在无法按时正常开工的法律风险。即：施工企业应当招标的却没有招标；应当公开招标的工程没有公开招标，或者肢解发包工程，将工程发包给不具备相应资质条件的企业的，导致确定的施工企业无效；以及建设工程应当通过招标形式委托监理单位的，未通过招标形式委托监理单位的。

（3）申领《施工许可证》前，未落实项目资本金或相应建设资金，项目资本金或建设资金无法按时到位。

（4）施工资料文件不完备、欠缺保证工程质量和安全的具体措施的法律风险。主要是指建设施工需要的技术资料不完备；施工图设计文件未编制或者未通过审查，以及欠缺保证工程质量和安全的具体措施，缺少专项质量、安全施工组织设计，未按规定办理工程质量、安全监督手续。

（三）建设单位持失效或废止的《施工许可证》进行施工的法律风险

（1）建设单位领取《施工许可证》后因故不能按期开工，且未在期满前向原发证机关申请延期导致《施工许可证》自行废止；或是向原发证机关申请延期，原发证机关不同意延期的，建设单位擅自持该《施工许可证》进行施工属于非法建设，应当承担相应的法律责任。

（2）建设单位领取《施工许可证》后因故不能按期开工，向原发证机关申请延期超过两次，每次申请延期超过三个月的，或是原发证机关不同意延期的，建设单位擅自持该《施工许可证》进行施工属于非法施工，应当承担相应的法律责任。

（3）建设单位领取《施工许可证》后，在建工程施工过程中，建设单位或者施工单位发生变更的，应重新申请领取《施工许可证》而未领取的，原《施工许可证》自行废止。变更后的建设单位或者施工单位持原《施工许可证》擅自施工的，也属于非法施工，应当承担相应的法律责任。

（4）在建工程因故中止施工满一年的，恢复施工前建设单位应当报发证机关核验《施工许可证》而未报的，《施工许可证》的法律效力存在一定瑕疵，建设单位或施工单位持该《施工许可证》进行施工的，施工行为的合法性存在相应问题。

（5）按照国务院有关规定批准开工报告的建筑工程，因故不能按期开工超过六个月的，应当重新办理开工报告的批准手续而未办理的，原《施工许可证》或开工报告失效，建设单位持原《施工许可证》或开工报告擅自施工的，属于非法施工，应当承担相应的法律责任。

如上所言，若建设单位持失效或废止的《施工许可证》擅自施工的，相关国家机关有权责令改正，要求停止施工并承担相应的处罚，轻则罚款，重则将拆除非法建筑，除这些直接损失外，还将可能因施工合同违约纠纷承担一定的间接损失。

二、工程施工许可法律风险防范

(一) 电网建设项目施工准备阶段需办理施工许可手续

电网建设项目施工准备阶段应办理《建设用地规划许可证》、建设项目用地手续，涉及临时用地和临时建设工程的，还需办理《临时建设用地规划许可证》和《临时建设工程规划许可证》及相应的审批手续。规划区内建设变电站、线路走廊、杆塔、铺设电缆等工程还应办理《建设工程规划许可证》《建筑工程消防设计审核意见书》、工程质量监督手续等。

另外，根据《城市道路管理条例》（2017年修订）的规定，因工程建设需要挖掘占用城市道路的，应当持城市规划部门批准签发的文件和有关设计文件，到市政工程行政主管部门和公安交通管理部门办理审批手续，方可按照规定挖掘、占用。因此，电力工程涉及挖掘、占用道路应当提前办理审批手续，否则就是违法挖掘、占用，将被处以罚款，若造成损失还需进行赔偿。

(二) 严格按《施工许可证》的有效期限施工

以下为《施工许可证》有效期的相关规定内容：

（1）建设行政主管部门应当自收到申请之日起十五日内，对符合条件的申请单位颁发《施工许可证》。

（2）建设单位应当自领取《施工许可证》之日起三个月内开工，即有效期限为三个月。开工不包括为建设进行的准备工作，如勘察设计、前期拆迁等。

（3）建设单位领取《施工许可证》后三个月内，因故不能按期开工的，应当在期满前向原发证机关申请延期，并说明理由；原发证机关经审查，决定是否同意延期。原发证机关经审查同意延期的，延期以两次为限，每次不超过三个月。既不开工又不申请延期或者超过延期时限的，施工许可证自行废止。

(三) 应重视《施工许可证》的核验及重新办理

1. 需要核验的情形

在建的建筑工程因故中止施工的，建设单位应当自中止施工之日起一个月内，向发证机关报告，并按照规定做好建筑工程的维护管理工作。建筑工程恢复施工时，应当向发证机关报告（报告内容包括中止施工的时间、原因、在施部位、维修管理措施等）。中止施工满一年的工程恢复施工前，建设单位应当报发证机关核验施工许可证。

2. 需要重新办理开工报告批准手续的情形

按照国务院有关规定批准开工报告的建筑工程，因故不能按期开工或者中止施工的，应当及时向批准机关报告情况。因故不能按期开工超过六个月的，应当重新办理开工报告的批准手续。

3. 需要重新办理《施工许可证》的情形

建筑工程在施工过程中，建设单位或者施工单位发生变更的，应当重新申请领取施工许可证。

第三节　典型案例评析

案例十六：楼间距采光引争议　施工许可证得维持

🔹 案情简述

某市电力公司（第三人）向某市建设局（被告）申请领取某变电站生产用房土建工程施工许可证，建设局受理并审查后认为该建筑工程符合施工条件，于同月向其颁发了建筑工程施工许可证。某市保险公司（原告）以电业局的建设工程不符合《城乡规划法》和《城市居住区规划设计规范》的规定，影响其所属办公楼和家属楼的日照和采光为由，向该市人民法院提起行政诉讼，请求撤销市建设局作出的建筑工程施工许可证。

原告某市保险公司诉称，其于15年前筹资新建办公楼与家属楼。第三人电力公司在原告南侧开挖地基准备扩建变电站生产用房，该生产用房建成后将严重影响原告办公楼与家属楼的日照和采光。原告问询第三人得知该工程已获审批，且已取得建设工程规划许可证和建筑工程施工许可证。经原告从被告处查询得知，该两证涉及的行政许可并未依法公示，且其发放违背《城乡规划法》的规定，也不符合《城市居住区规划设计规范》楼距间 1.0～1.2 系数的国家强制性标准，侵犯了原告的合法权益，因此请求撤销被告市建设局作出的建筑工程施工许可。

被告建设局辩称，被告为第三人核发建筑工程施工许可证程序合法，事实清楚、证据充分，适用法律正确。原告系企业法人，其规划建设用地及其地上建筑物的性质为商业用地和商业建筑，原告以违反《城市居住区规划设计规范》为由诉请撤销该项行政许可，适用规章错误，请求法院依法维持。

第三人某市电力公司述称，原告和第三人的用地均不属于居住用地，因此被告发放施工许可证的行为并不违反国家强制性标准。被告为第三人发放施工许可证，依法进行了审核和审查，程序合法，且不违反国家强制性设计规范，具有完全的法律效力，因此请求驳回原告的诉请。

法院经审理后认为，因原告系企业法人，其所属办公楼与第三人某市电业局的用地均不属居住用地，原告认为第三人的建设工程违反《城市居住区规划设计规范》关于楼距间系数的国家强制性标准，对于商业区等其他城市功能区并不适用。被告为第三人核发建筑工程施工许可证的行为合法有效，因此判决维持被告作出的施工许可。

⚖ 法律分析

本案的争议焦点在于被告为第三人核发建筑工程施工许可证的行为是否符合法定程序和国家强制性标准。

1. 被告为第三人核发建筑工程施工许可证的行为合法有效

本案系基于建设工程施工许可证提起的行政诉讼。依照建筑法规定，被告作为县级人民政府建设行政主管部门，享有对本行政区域内的建筑工程核发施工许可证的职权。第三人依照建筑法等法律法规向被告提出领证申请，并提交了所需材料，被告经依法审查后为其颁发了建筑工程施工许可证，该行为符合法律程序，因而该行为合法有效。

2. 原告的诉讼理由缺乏事实与法律依据

原告提出第三人的生产用房建成后将严重影响其办公楼与家属楼的日照和采光，并诉称第三人的建设工程违反《城市居住区规划设计规范》（2016年版）关于楼距间系数的国家强制性标准。因原告系企业法人，其所属办公楼及第三人的建设用地均不属于居住用地，因此，原告以此为由要求撤销被告为第三人核发的建筑工程施工许可证缺乏事实与法律的依据。

⊗ 启示建议

1. 建筑工程应当依法申领施工许可证

在工程建设过程中，建设单位是办理施工许可证的责任主体，应当依法及时向建设局申请办理施工许可证，确保建设和施工活动合法。虽然建筑工程施工许可证是否取得，并不影响建设工程施工合同的效力，但是没有取得建筑工程施工许可证而擅自施工的，属于非法开工，将受到相应的行政处罚。

2. 电网建设项目应当关注相邻关系问题

依照《物权法》（2007 年实施）第七章关于相邻关系的规定，建造建筑物，不得违反国家有关工程建设标准，妨碍相邻建筑物的通风、采光和日照。不动产权利人应当为相邻权利人提供用水、排水、通行、修建、通风、采光和日照等必要的便利。相邻权的实质是对所有权的合理限制和延伸。

本案中的楼间距是否符合标准至关重要。目前我国仅对居民居住区楼间距作出了国家强制性标准，对于商业区等城市其他功能区的楼间距并未作出明确规定。在司法实践中，若相邻方提出相邻权受侵害的主张，而建设单位无法举证证明楼间距符合现有相关规定，则有可能被法院认定为存在过错，继而需要承担相应责任。因此，电网建设单位应谨慎规划建设布局，设置符合规定的楼间距，并综合考虑用水、排水、通行、修建、通风、采光和日照等因素，合法合规建设，着力防范潜在法律风险。

第十三章　工程建设施工的法律风险

工程建设施工阶段涉及工程全面开展施工直至建设工程竣工的所有环节，法律风险防范的重要性不容小觑。本章主要讲述了工程建设施工阶段、工程建设施工合同、工程监理和物资供应等四个方面的法律风险及防范措施，施工合同为工程施工提供法律支撑和法律保障；工程监理对工程施工的隐性环节进行监督；物资供应为工程施工提供必需材料。通过对上述四个方面进行法律风险及防范分析，为电网工程建设施工预防法律风险提供法律保障。

第一节　工程建设施工阶段的法律风险防范

一、工程建设施工阶段概述

工程建设施工阶段，主要是进行与建设有关的土地、青苗、地上物的补偿，全面开展施工，直到建设工程最后竣工。

施工阶段主要包括三类民事法律关系：一是与施工单位签订建设工程合同，形成建设工程合同关系；二是与评估机构签订合同，建立评估委托合同关系；三是与相对人签订补偿协议，形成财产补偿法律关系。建设施工法律关系中，电网企业的主要义务是提供场地和资金，为施工单位开工准备条件；施工单位的义务是按质按期进行施工，并提交施工成果；法律关系的客体即是施工成果。评估委托法律关系中，电网企业的主要义务是提供基础材料和评估费，评估机构的义务是提交评估报告，法律关系的客体是评估报告。财产补偿法律关系中，电网企业的主要义务是补偿相对人的青苗、地上附着物、坟墓迁移费用等，而相对人的义务是不得对电网企业的建设行为构成妨碍，法律关系的客体是补偿行为。

二、工程建设施工阶段的法律风险及防范

（一）施工相对方的企业资质

1. 施工总承包企业资质

《建筑法》第二十四条规定，提倡对建筑工程实行总承包，禁止将建筑工程肢解发包。建筑工程的发包单位可以将建筑工程的勘察、设计、施工、设备采购一并发包给一个工程总承包单位，也可以将建筑工程勘察、设计、施工、设备采购的一项或者多项发包给一个工程总承包单位；但是，不得将应当由一个承包单位完成的建筑工程肢解成若干部分发包给几个承包单位。

《建筑法》第二十六条规定，承包建筑工程的单位应当持有依法取得的资质证书，并在其资质等级许可的业务范围内承揽工程。禁止建筑施工企业超越本企业资质等级许可的业务范围或者以任何形式用其他建筑施工企业的名义承揽工程。禁止建筑施工企业以任何形式允许其他单位或者个人使用本企业的资质证书、营业执照，以本企业的名义承揽工程。

根据《建筑业企业资质标准》（建市〔2014〕159号）规定，电力工程施工总承包企业资质标准：

一级资质，可承担各类发电工程、各种电压等级送电线路和变电站工程的施工。

二级资质，可承担单机容量20万千瓦以下发电工程、220千伏以下送电线路和相同电压等级变电站工程的施工。

三级资质，可承担单机容量10万千瓦以下发电工程、110千伏以下送电线路和相同电压等级变电站工程的施工。

2. 输变电工程专业承包企业资质

根据《电力供应与使用条例》第三十七条第二款规定，承装、承修、承试供电设施和受电设施的单位，必须经电力管理部门审核合格，取得电力管理部

门颁发的《承装（修）电力设施许可证》。

《承装（修、试）电力设施许可证管理办法》第四条、第六条、第七条规定，在中华人民共和国境内从事承装、承修、承试电力设施活动的，应当按照本办法的规定取得许可证。除电监会另有规定外，任何单位或者个人未取得许可证，不得从事承装、承修、承试电力设施活动。

许可证分为承装、承修、承试三个类别。取得承装类许可证的，可以从事电力设施的安装活动。取得承修类许可证的，可以从事电力设施的维修活动。取得承试类许可证的，可以从事电力设施的试验活动。

许可证分为一级、二级、三级、四级和五级。取得一级许可证的，可以从事所有电压等级电力设施的安装、维修或者试验活动。取得二级许可证的，可以从事 220 千伏以下电压等级电力设施的安装、维修或者试验活动。取得三级许可证的，可以从事 110 千伏以下电压等级电力设施的安装、维修或者试验活动。取得四级许可证的，可以从事 35 千伏以下电压等级电力设施的安装、维修或者试验活动。取得五级许可证的，可以从事 10 千伏以下电压等级电力设施的安装、维修或者试验活动。

由此可见，许可证的级别不同，其能从事安装的电力设施的电压等级也不同。电网企业将输变电电气工程发包给未取得承装（修）电力设施许可证资质或者超越资质等级的承包人，发包合同无效。

（二）违法发包的情形及应承担的法律责任

1. 违法发包的情形

违法发包，是指建设单位将工程发包给不具有相应资质条件的单位或个人，或者肢解发包等违反法律法规规定的行为。

根据住房和城乡建设部颁布的《建筑工程施工转包违法分包等违法行为认定查处管理办法（试行）》第五条的规定，存在如下情形的，属于违法发包：

（1）建设单位将工程发包给个人的。

（2）建设单位将工程发包给不具有相应资质或安全生产许可的施工单位的。

（3）未履行法定发包程序，包括应当依法进行招标未招标，应当申请直接发包未申请或申请未核准的。

（4）建设单位设置不合理的招投标条件，限制、排斥潜在投标人或者投标人的。

（5）建设单位将一个单位工程的施工分解成若干部分发包给不同的施工总承包或专业承包单位的。

（6）建设单位将施工合同范围内的单位工程或分部分项工程又另行发包的。

（7）建设单位违反施工合同约定，通过各种形式要求承包单位选择其指定分包单位的。

（8）法律法规规定的其他违法发包行为。

2. 违法发包应承担的法律责任

根据《建设工程质量管理条例》第七条规定，建设单位应当将工程发包给具有相应资质等级的单位。建设单位不得将建设工程肢解发包。

该条例第五十四条、第五十五条规定，建设单位将建设工程发包给不具有相应资质等级的勘察、设计、施工单位或者委托给不具有相应资质等级的工程监理单位的，责令改正，处 50 万元以上 100 万元以下的罚款。建设单位将建设工程肢解发包的，责令改正，处工程合同价款百分之零点五以上百分之一以下的罚款；对全部或者部分使用国有资金的项目，并可以暂停项目执行或者暂停资金拨付。

3. 发包人指定分包人的法律风险

工程分包是建筑活动一种常见的市场行为，但我国法律法规对工程分包从单位资质、质量安全管理、招投标等方面进行了严格限定。《建筑工程施工转包违法分包等违法行为认定查处管理办法（试行）》第八条和第九条规定，违法分包，是指施工单位承包工程后违反法律法规规定或者施工合同关于工程分包的约定，把单位工程或分部分项工程分包给其他单位或个人施工的行为。

存在下列情形之一的，属于违法分包：

（1）施工单位将工程分包给个人的。

（2）施工单位将工程分包给不具备相应资质或安全生产许可的单位的。

（3）施工合同中没有约定，又未经建设单位认可，施工单位将其承包的部分工程交由其他单位施工的。

（4）施工总承包单位将房屋建筑工程的主体结构的施工分包给其他单位

的，钢结构工程除外。

（5）专业分包单位将其承包的专业工程中非劳务作业部分再分包的。

（6）劳务分包单位将其承包的劳务再分包的。

（7）劳务分包单位除计取劳务作业费用外，还计取主要建筑材料款、周转材料款和大中型施工机械设备费用的。

（8）法律法规规定的其他违法分包行为。《工程建设项目施工招标投标办法》第六十六条规定，招标人不得直接指定分包人。《房屋建筑和市政基础设施工程施工分包管理办法》第七条规定，建设单位不得直接指定分包工程承包人。任何单位和个人不得对依法实施的分包活动进行干预。《最高人民法院关于审理建设工程施工合同纠纷案件适用法律问题的解释》第十二条规定，发包人直接指定分包人分包专业工程，造成建设工程质量缺陷，应当承担过错责任。

可见，电网企业作为发包人，有权指定哪些工程可以分包，但是无权指定具体的分包人。

（三）挂靠的情形

根据住房和城乡建设部颁布的《建筑工程施工转包违法分包等违法行为认定查处管理办法（试行）》第十条和第十一条规定，挂靠，是指单位或个人以其他有资质的施工单位的名义，承揽工程的行为。承揽工程，包括参与投标、订立合同、办理有关施工手续、从事施工等活动。

存在下列情形之一的，属于挂靠：

（1）没有资质的单位或个人借用其他施工单位的资质承揽工程的。

（2）有资质的施工单位相互借用资质承揽工程的，包括资质等级低的借用资质等级高的，资质等级高的借用资质等级低的，相同资质等级相互借用的。

（3）专业分包的发包单位不是工程的施工总承包或专业承包单位的，但建设单位依约作为发包单位的除外。

（4）劳务分包的发包单位不是工程的施工总承包、专业承包单位或专业分包单位的。

（5）施工单位在施工现场派驻的项目负责人、技术负责人、质量管理负责人、安全管理负责人中一人以上与施工单位没有订立劳动合同，或没有建立劳动工资或社会养老保险关系的。

（6）实际施工总承包单位或专业承包单位与建设单位之间没有工程款收付关系，或者工程款支付凭证上载明的单位与施工合同中载明的承包单位不一致，又不能进行合理解释并提供材料证明的。

（7）合同约定由施工总承包单位或专业承包单位负责采购或租赁的主要建筑材料、构配件及工程设备或租赁的施工机械设备，由其他单位或个人采购、租赁，或者施工单位不能提供有关采购、租赁合同及发票等证明，又不能进行合理解释并提供材料证明的。

（8）法律法规规定的其他挂靠行为。

（四）电网施工过程中发生意外伤害的主要类型和归责原则

电网施工过程中发生的意外伤害的主要类型有物件致人受损、雇员自身遭受伤害、雇员致人伤害、工伤、一般侵权等。

电网施工过程中，致人受损的常见情形有建筑物等设施脱落或坠落致害、建筑物倒塌致人损害、堆放物倒塌致人损害、公共道路妨碍通行致害、地面施工和地下设施致害5个方面。

电网施工过程中物件致人受损因情形不同而采取不同的归责原则，建筑物等设施脱落、坠落致害，堆放物倒塌致害，地面施工和地下设施致害责任是适用过错推定责任；建筑物倒塌致人损害中建设单位与施工单位承担无过错责任（向其他责任人追偿时采用一般过错责任），公共道路妨碍通行致害责任适用无过错责任。

（五）为防范电网施工中出现意外伤害的措施

为防范电网施工中出现意外伤害，增强赔付能力，发包人应为其工作人员投保工伤保险和人身意外伤害险，承包人应投保建筑工程一切险、安装工程一切险、第三者责任险，为其工作人员投保工伤保险和人身意外伤害险，并为施工设备、进场的材料和工程设备等办理保险。

施工意外伤害由第三人造成的，工伤赔偿责任与损害赔偿责任能否同时主张并获取赔偿，应分不同情形处理：

通常情况下，员工既可以向用人单位主张工伤赔偿责任，也可以向第三人提出损害赔偿请求。根据《最高人民法院关于审理人身损害赔偿案件适用法律若干问题的解释》第十二条第二款规定，因用人单位以外的第三人侵权造成劳动者人身损害，赔偿权利人请求第三人承担民事赔偿责任的，人民法院应予支持。据此，员工有权获得工伤待遇和侵权损害赔偿双重赔偿。

但是，《社会保险法》第四十二条规定，由于第三人的原因造成工伤，第三人不支付工伤医疗费用或者无法确定第三人的，由工伤保险基金先行支付；工伤保险基金先行支付后，有权向第三人追偿。此外，《最高人民法院关于审理工伤保险行政案件若干问题的规定》第八条规定，职工因第三人的原因受到伤害，社会保险行政部门已经作出工伤认定，职工或者其近亲属未对第三人提起民事诉讼或者尚未获得民事赔偿，起诉要求社会保险经办机构支付工伤保险待遇的，人民法院应予支持；职工因第三人的原因导致工伤，社会保险经办机构以职工或者其近亲属已经对第三人提起民事诉讼为由，拒绝支付工伤保险待遇的，人民法院不予支持，但第三人已经支付的医疗费用除外。根据该条规定，就应由工伤保险基金承担的医疗费用而言，员工可向工伤保险机构提出请求，也可向第三人提出请求；但在该范围内仅可享受一次补偿。

（六）保护性施工

电网保护性施工一般指国家重点电网项目，在施工过程中受到外界干扰，由公安、城管、镇村干部等采取的保护施工的一种措施。

在当前形势下，采取保护性施工需注意以下几个方面：首先要确保电网工程建设合法；其次保护性施工确有必要，不得滥用保护性施工；再次，要制定详细的保护性施工方案；最后保护性施工采取的保护性措施要合理。

确保电网工程建设合法，主要有以下三种方式。一是证明电网建设项目手续完备，需提供电网建设项目的有关审批文件，如建设项目的核准文件、勘察设计文件、工程建设项目施工许可证、工程开工报告、竣工验收签证书、工程竣工报告。二是证明电网建设项目与讼争房屋之间的安全距离符合相关的法律法规和技术规程。三是电网建设项目未对当事人一方造成损害结果及两者之间不存在因果关系。电网企业可以出具相关电网建设项目竣工环保验收资料，也可申请法院对相关电磁、噪声等环境进行监测鉴定。

三、典型案例评析

案例十七：施工过程遭遇阻拦　妥善处理化解矛盾

📄 案情简述

某乡 10 千伏赛某 193 线在 2008 年年初因冰灾造成全线多处损坏、断线、倒杆，严重影响电网安全稳定，对该乡用电造成极大影响。20～90 号杆线路改造工程属冰灾重建项目，由某市供电公司（第三人）负责施工。为缩短建设时间，避免施工停电时间过长，同时减轻政策处理难度，全线基本为原路径、原杆位换杆。2009 年 7 月 29 日中午，叶某（原告）在某市供电公司对某乡某村进行赛某 193 线 22～90 号杆技改工程施工过程中，因对 75 号电线杆安装位置与杆位稍有变动而不满，认为架设过程中违法施工致使原告房屋墙角倒塌，泥墙损坏，随即采用扔石头、跳进杆洞蹲着等手段阻挠工程施工，经乡政府及电力施工人员多方劝阻无效，致使工程停工一个多小时，造成较为恶劣的社会影响。某市公安局某区分局（被告）经立案、调查、告知等程序，于 2009 年 7 月 30 日，作出对叶某予以行政拘留 5 日的行政处罚决定。叶某对行政处罚决定不服，诉至法院要求撤销行政处罚决定。

⚖ 法律分析

本案焦点是在电网施工过程中遭遇阻拦施工的行为该如何认定及怎样合法妥善处置该行为的问题。

1. 叶某的阻拦施工行为是否合法的问题

本案中叶某认为，施工过程中供电公司以强势的身份，在事先未征得原告同意的情况下非法占用原告自留田，架设过程中又违法施工致使原告房屋墙角倒塌，泥墙损坏。其是基于要求侵权人停止侵害，赔偿相关损失的情况下采取的正当、合法行为。但在本案中，电力施工为缩短建设时间，避免施工停电时间过长，同时减轻政策处理难度，在施工前，供电公司专门对叶某就线路建设方案及改建的原因进行了充分的解释，该线路全线基本为原路径、杆位换杆，并未非法占用原告的自留田，线路跨越原告房屋符合 GB 50061—2010《66 千伏及以下架空电力线路设计规范》，这些都证明了改动后高压线对原告的房屋并未造成实质的影响，架空线与建筑物的水平距离符合国家安全标准。原告诉称房屋因线路改建受到损坏，但原告未有证据证实其房屋损坏的事实。如果叶某真的发觉该项工程违反了国家规范要求，可以向相关主管部门进行反映和举报，而不能仅仅因为无根无据的理由，就去阻碍工程施工。因此，叶某的行为不具有正当性和合法性。

2. 公安机关对叶某行政处罚的决定是否合法

《治安管理处罚法》第二十三条第一款第（一）项规定，有下列行为之一的，处警告或者二百元以下罚款：（一）扰乱机关、团体、企业、事业单位秩序，致使工作、生产、营业、医疗、教学、科研不能正常进行，尚未造成严重损失的。本案中，原告叶某在某市供电公司对某乡某村进行赛某 193 线 22～90 号杆技改工程施工过程中，因对 75 号电线杆安装位置与原杆位稍有变动，电力施工企业没有对原告进行侵权，杆洞稍作变动并未对原告房屋有危害，原告因不满干扰供电企业正常的生产施工次序，采用扔石头、跳进杆洞蹲着等手段阻挠工程施工，经乡政府及电力施工人员多方劝阻无效，致使工程停工 1 个多小时，造成线路沿线村庄约 331 户居民、2 个林场停电约 2 小时，5 个电站损失约 2 个小时发电量。原告叶某作为村民，如果对架线杆洞定位或政策处理有意见，可以通过合法正当的方式维护其合法权益，但不得以任何理由采取违反法律的手段解决问题。公安机关根据原告行为予以行政拘留 5 日的处罚，认定的事实清楚，证据充分，程序合法，与其违法行为的性质和情节相适应。

👤 **启示建议**

1. 线路改造施工要充分考虑各利益相关方，并做好解释工作

对于线路施工改造、改建，尤其是对于线路的电杆、塔基进行迁移过程中，事先要充分考虑改建线路的走向有无重大改变，是否需要重新审批，或线路电杆、塔基占用土地是否合法。对于电杆、杆塔迁移过程中涉及跨越房屋、占用耕地周边情况，要严格按照《电力设施保护条例》中的电力线路保护区规定执行。目前，电力建设的重要性非常明显，但是一旦把电力设施建到自己的房前屋后，很多人就会有意见，就要进行阻挠，认为高压线会对自己的人身和财产安全带来危害，侵犯其土地使用权。因此，电网建设单位在任何一项电力建设工程的规划与施工过程中，都要注意确保人们的人身和财产安全。并且，在施工过程中对有关利益相关方要做好充分的解释工作，必要时可以请权威部门进行说明，最大限度地减少在施工过程中造成的不便。

2. 施工过程中引发的群众不满及聚集事件要及时处理

电力线路施工牵连面广涉及多方利益，比如土地征用补偿、房屋拆迁等。这些都容易引起群众对电力线路施工的不满。电网建设单位对于群众不满及聚集要第一时间进行处置，及时组织力量做好接待与解释工作，听取意见、耐心疏导，必要时可以邀请政府有关部门对群众的疑问进行解答。如果事态得不到有效控制，要及时联系公安机关。同时注意施工现场要避免事态不断扩大，计划并控制事态发展，对于群众的意见要充分地吸收采纳，不与群众发生冲突，必要时可以停止施工等待政府或公安机关平息事态。

第二节　工程建设施工合同的法律风险防范

一、电网建设施工合同概述

电网建设施工，是电网建设项目在完成工程设计和施工招标后进行电网建设的重要实施阶段。电网建设施工合同是指施工单位按照电网企业的要求，依据勘察、设计的有关资料、要求，进行施工建设和安装，是由施工单位进行工程建设，建设单位支付价款，保证工程建设活动顺利进行，明确双方权利义务关系的协议。

电网建设施工合同的规范化有利于促进参与电网工程建设的各方当事人全面履行合同约定的权利、义务，确保电网建设目标的实现。因此，签订好电网建设施工合同对于电网企业和施工单位都具有十分重要的意义。

二、电网建设施工合同的法律风险及防范

（一）施工合同应重点审查的内容

1. 建设单位与施工单位的权利义务

建设单位在施工合同签订时应当明确约定施工场地具备施工条件的要求及

完成的时间；提供工程地质和地下管线资料的具体时间；由其负责办理的证件、手续及完成时间；提供图纸会审和设计交底的时间；建设单位协同处理施工场地周围的各项工作；约定施工单位负责办理的有关场地交通、环卫和施工噪声等手续、费用事宜。

2. 合同双方代表的职责与权限

建设单位和施工单位明确各自委派的工程师及管理人员，并约定其责任和权限。特别是将具有变更、签证、价格确认等签认权的人员、签认范围、程序、生效条件等约定清楚，防止其他人员随意签字给工程造成不必要损失。合同应明确约定建设单位委派的监理工程师的权限，对工程的造价、质量、工期、进度负责并有权制止施工单位的违规操作行为。

3. 造价、安全方面的内容

合同中必须对价款调整的范围、程序、计算依据和设计变更、现场签证、材料价格的签发及确认做出明确规定。双方应在合同中详细约定施工过程中应当注意的安全事项，并可以以合同附件形式签订《施工安全协议书》，以保证在施工过程中发生设备、人身安全事件有相应的约定，避免法律纠纷的发生。

4. 工期、验收方面的内容

双方应明确约定开工日期、竣工日期，并详细约定开工、竣工应办理哪些手续、签署何种文件，中间交工的工程的验收等事项；还需明确约定参加验收的单位、人员，采用的质量标准，验收程序，须签署的文件及产生质量争议的处理办法等。

5. 物资采购条款

合同签订中应区分哪些物资由施工单位负责采购、验收，并明确约定施工单位负责采购的物资在验收不符合要求的情况下如何处理的条款。采购所发生的费用承担及由此延误的工期所带来损失的赔偿问题都应在合同中明确约定。

6. 特殊情况下的工程验收

工程建设中存在着个别工程已符合竣工验收标准，但还剩有另行土建工程的情况。因此双方应将此种情况详细约定，由施工方负责在整套启动试运验收后 60 日内完成。

7. 技术和工艺的特殊要求

建设单位要求使用专利技术或特殊工艺的，在合同中应约定由哪方办理申报手续，哪方承担申报、试验、使用等相关费用。建设单位或施工单位擅自使用专利技术侵犯他人专利权的，应约定相应的责任条款，以最大限度维护双方的利益。

8. 工程价款的价格形式

需注意的是，根据《建筑工程施工发包与承包计价管理办法》的规定，全部使用国有资金投资或者以国有资金投资为主的建筑工程，应当采用工程量清单计价。

9. 工程预付款、工程进度款、考核金、质保金、安全文明施工费的支付时间、支付比例、预付款抵扣、考核金扣减方式等内容

根据《建设工程价款结算暂行办法》的规定，工程预付款的支付比例一般为合同金额的 10%～30%；工程进度款按确定的工程计量结果计算，支付比例一般为工程价款的 60%～90%。

（二）材料设备供应条款的约定方式

《建设工程质量管理条例》第十四条规定，按照合同约定，由建设单位采购建筑材料、建筑构配件和设备的，建设单位应当保证建筑材料、建筑构配件和设备符合设计文件和合同要求。建设单位不得明示或暗示施工单位使用不合格的建筑材料。合同约定由发包人提供建筑材料，应约定发包人在材料和工程设备到货前通知承包人，承包人应会同监理人在约定的时间内，赴交货地点共同进行验收。验收后，由承包人负责接收、运输和保管。

若发包人发现承包人采购的材料和工程设备与合同约定的施工标准不符，有权要求承包人重新提供，所拖延工期及因此增加费用由承包人自行负责。

（三）未经招投标程序，将电网建设工程各环节对外发包的后果

根据《招标投标法》《招标投标法实施条例》《工程建设项目招标范围和规模标准规定》（2018 年 6 月 1 日起被《必须招标的工程项目规定》取代）规定，输变电工程属于大型基础设施、公用事业等关系社会公共利益、公众安全的项目。如果建设工程规模属于必须进行招标而未招标，依《最高人民法院关于审理建设工程施工合同纠纷案件适用法律问题的解释》（法释〔2004〕14号）第一条规定，应当根据《合同法》第五十二条第（五）项的规定，认定无效。具体如下：

电网建设单位与施工单位签订的输变电工程施工合同，如果施工单项合同估算价在 400 万元人民币以上的，则签订的输变电工程施工合同因未经招投标而无效；如果施工单项合同估算价在 400 万元人民币以下的，则签订的输变电工程施工合同并不因未进行招投标而无效。

电网建设单位与设计单位签订的输变电工程设计合同，如果单项合同估算价在 100 万元人民币以上的，则签订的设计合同因未经招投标而无效；如果单项合同估算价在 100 万元人民币以下的，则签订的设计合同并不因未进行招投标而无效。

电网建设单位与监理单位签订的输变电工程监理合同，如果单项合同估算价在 100 万元人民币以上的，则签订的监理合同因未经招投标而无效；如果单项合同估算价在 100 万元人民币以下的，则签订的监理合同并不因未进行招投标而无效。

电网建设单位与供应商签订的输变电工程设备、材料采购合同，如果单项合同估算价在 200 万元人民币以上的，则签订的采购合同因未经招投标而无效；如果单项合同估算价在 200 万元人民币以下的，则签订的采购合同并不因未进行招投标而无效。

（四）经招标的项目，合同签订后如需转包、分包，应依法进行

根据《招标投标法》第四十八条规定，中标人应当按照合同约定履行义务，完成中标项目。中标人不得向他人转让中标项目，也不得将中标项目肢解后分别向他人转让。中标人按照合同约定或者经招标人同意，可以将中标项目的部分非主体、非关键性工作分包给他人完成。接受分包的人应当具备相应的资格条件，并不得再次分包。中标人应当就分包项目向招标人负责，接受分包的人就分包项目承担连带责任。

《招标投标法实施条例》第七十六条规定，中标人将中标项目转让给他人的，将中标项目肢解后分别转让给他人的，违反招标投标法和本条例规定将中标项目的部分主体、关键性工作分包给他人的，或者分包人再次分包的，转让、分包无效，处转让、分包项目金额5‰以上10‰以下的罚款；有违法所得的，并处没收违法所得；可以责令停业整顿；情节严重的，由工商行政管理机关吊销营业执照。

（五）施工合同的效力

施工合同在履行过程中，发生以下情形之一的，发包人有权解除合同：

（1）承包人发生歇业、解散或破产、停业整顿、被吊销营业执照或被撤销时。

（2）工程建设发生重大变化，项目内容无法实施或目标无法实现的。

（3）因承包人原因致使合同无法正常执行的。

（4）法律法规规定和合同约定的其他发包人有权单方解除合同的情形。

根据《最高人民法院关于审理建设工程施工合同纠纷案件适用法律问题的解释》第一条规定，没有资质的实际施工人借用有资质的建筑施工企业名义的建设工程施工合同，应当根据合同法第五十二条第（五）项的规定，认定无效。

发包人与挂靠施工人签订的施工合同并非当然无效，在下列情形下挂靠行为有效：一是，挂靠者虽然以被挂靠者的名义签订建设工程施工合同，但其本身具备建筑等级资质，且实际承揽的工程与其自身资质证书等级相符的；二是，被挂靠者提供工程技术图纸、进行现场施工管理，并由开发单位直接向被挂靠者结算。

根据《最高人民法院关于审理建设工程施工合同纠纷案件适用法律问题的解释》相关规定，建设单位能否拒绝支付施工单位工程款，关键要看工程是否验收合格，具体为：

（1）建设工程施工合同无效，但建设工程经竣工验收合格，承包人请求参照合同约定支付工程价款的，应予支持。

（2）建设工程施工合同无效，且建设工程经竣工验收不合格的，按照以下情形分别处理：

第一，修复后的建设工程经竣工验收合格，发包人请求承包人承担修复费用的，应予支持。

第二，修复后的建设工程经竣工验收不合格，承包人请求支付工程价款的，不予支持。

三、典型案例评析

案例十八：合理设置工期条款　防范开工延期索赔

案情简述

2013 年 5 月，某工程公司与某输变电公司签订《220 千伏某变电所土建工程施工合同》，约定开工日期为"计划于 2013 年 10 月 31 日（以开工报告为准）开工"，并在合同第 25.3 款约定"临时设施搭建后因建设方原因不能及时交地开工的，发包人可视停工时间长短赔偿承包人不超过一万元的停工损失费用"。2013 年 12 月 1 日，双方签订《220 千伏某变电所进所道路工程施工合同》，约定开工日期为"计划于 2014 年 6 月 1 日（以开工报告为准）开工"。220 千伏某变电所土建工程实际开工时间为 2014 年 3 月 4 日，220 千伏某变电所二期工程实际开工时间为 2014 年 9 月 21 日。

2015 年 1 月，工程公司向输变电公司递交了上述三项工程的决算书，决算书中要求对因施工时间与合同订立时间因材料、人工价格变化而导致的工程价款差异予以调整。某工程管理咨询公司对上述决算书进行了结算审核，并于 2015 年 2 月出具了结算审核报告。工程公司和输变电公司对经审核确定的造价以盖章方式予以确认，双方均未对审核后确定的造价在结算审核报告上提出异议。2015 年 6 月，受工程公司委托，工程咨询公司出具工程造价咨询报告书一份，认为 2013 年第六期某区造价信息与 2014 年第四期至第十期某区造价信息均价之间的人工、材料价差调整价为 178 万元。工程公司据此致函输变电公司，要求输变电公司对因其延期开工对工程公司造成的损失予以补偿，此后，双方协商未果，工程公司诉至法院。

法律分析

本案焦点是施工过程中开工日期是如何认定及是否需要赔偿施工中人工、材料的差价问题。

1. 本案的开工日期如何认定

工期条款是建设施工合同的实质性条款之一，开工日期是工期条款的重要组成部分，根据《合同法》的有关规定，双方当事人对合同条款有约定的，应当从约定。本案双方当事人就涉案工程签署的《220千伏某变电所土建工程施工合同》《220千伏某变电所进所道路工程施工合同》《220千伏某变电所二期工程施工合同》等三个合同均约定"开工日期：计划于×年×月×日（以开工报告为准）。"因此，本案三个工程的开工日期应当以开工报告载明的日期为准。事实上，三个工程都是按照开工报告规定的日期开工的，并不存在延期开工的情形。因此，工程公司认为开工时间应当以计划开工时间为准的主张，依据不足。

2. 发包人应否赔偿原告人工、材料差价的问题

工程公司在工程决算书中已经就因计划开工时间与实际开工时间不一致导致人工、材料价格上涨等问题，向输变电公司提出了变更工程款的主张。后经结算审核，对决算书中的款项内容进行了增减，原、被告双方对最终结算审核价格均未提出异议，原被告双方均已在工程结算审核定案表上盖章认可，双方已经就工程款具体的结算数额达成一致。现原告以自行委托的价格咨询报告为由，要求被告支付因开工延误造成的人工、材料价格差异，依据不足。

👤 **启示建议**

1. 合理设置工期条款，妥善约定开工日期

按照《合同法》第二百七十五条规定，施工合同的内容包括工程范围、建设工期、中间交工工程的开工和竣工时间、工程质量、工程造价、技术资料交付时间、材料和设备供应责任、拨款和结算、竣工验收、质量保修范围和质量保证期、双方相互协作等条款。可见，建设工期条款是施工合同的核心条款之一。电网建设单位应当在施工合同中明确约定开工日期的认定标准，一般而言，开工日期的认定方式有以下几种：①合同中约定具体的日期作为开工日期；②以发包人开工通知中写明的日期作为开工日期；③以监理人开工通知中写明的日期作为开工日期；④以承包人递交的开工报告或开工申请被批准的日期为开工日期。当前使用较多的九部委2007年版《标准施工招标文件》中将开工日期确定为"监理人发出的开工通知中写明的开工日期"。需要提醒注意的是，开工日期的确定方式属于当事人自由约定范围。

2. 电网建设单位需防范开工延期索赔

电网建设单位作为发包方，应当合理设置工期条款，妥善约定开工时间，防范承包人根据《合同法》第二百八十三条"发包人未按照约定的时间和要求提供原材料、设备、场地、资金、技术资料的，承包人可以顺延工程日期，并有权要求赔偿停工、窝工等损失"的规定提出的开工延期索赔，通常包括开工延期导致的人工、材料价差以及停工、窝工损失等。

第三节　工程监理的法律风险防范

一、电网建设工程监理概述

电网建设工程监理，是指工程监理单位接受电网企业委托，依照法律、行政法规及有关的技术标准、设计文件和建设工程承包合同，对施工承包单位在工程质量、工期进度、建设资金使用和施工安全等方面，对工程实施监理合同范围内的管理。根据我国建设工程监理制度的规定，对应当实施监理的电网建设工程，电网企业应当委托具有相应资质条件的工程监理单位监理，并与其订立书面委托监理合同。工程监理单位应当根据建设单位的委托，客观、公正地执行监理任务。

二、电网企业在监理中的法律风险及防范

（一）必须实行监理的电网建设工程

我国《建筑法》和《建设工程质量管理条例》对实行强制性监理的工程范围进行了原则性规定，建设部在 2001 年 1 月发布的《建设工程监理范围和规模标准规定》中又进一步对实行强制性监理的工作范围做了具体规定，具体包括：

（1）国家重点建设工程，指依据《国家重点建设项目管理办法》所确定的对国民经济和社会发展有重大影响的骨干项目。

（2）大中型公用事业工程，指项目总投资额在 3000 万元以上的下列工程项目：供水、供电、供气、供热等市政工程项目；科技、教育、文化等项目；

体育、旅游、商业等项目；卫生、社会福利等项目；其他公用事业项目。

（3）成片开发建设的住宅小区工程，建筑面积在5万平方米以上的住宅建设工程必须实行监理；5万平方米以下的住宅建设工程，可以实行监理，具体范围和规模标准，由省、自治区、直辖市人民政府建设行政主管部门规定。同时，为了保证住宅质量，对高层住宅及地基、结构复杂的多层住宅应当实行监理。

（4）利用外国政府或国际组织贷款、援助资金的工程，包括：使用世界银行、亚洲开发银行等国际组织贷款资金的项目，使用国外政府及其机构贷款资金的项目，使用国际组织或者外国政府援助资金的项目。

（5）国家规定必须实行监理的其他工程，包括：项目总投资额在3000万元以上关系社会公共利益、公众安全以及学校、影剧院、体育馆项目。

（二）不同资质的监理单位可分别承担的输变电工程建设项目

监理单位所能承担电网建设项目的范围，主要取决于该项目是否在其资质等级许可的范围内。根据《工程监理企业资质管理规定》（建设部令第158号发布）规定，工程监理企业资质分为综合资质、专业资质和事务所资质。不同资质的工程监理企业相应可承接的业务范围如下：

（1）综合资质，可以承担所有专业工程类别建设工程项目的工程监理业务。

（2）专业资质，专业甲级资质，可承担相应专业工程类别建设工程项目的工程监理业务。

专业乙级资质，可承担相应专业工程类别二级以下（含二级）建设工程项目的工程监理业务。

专业丙级资质，可承担相应专业工程类别三级建设工程项目的工程监理业务。

（3）事务所资质，可承担三级建设工程项目的工程监理业务，但是，国家规定必须实行强制监理的工程除外。

综上，承接输变电工程的监理单位除了具备法律法规及招标文件规定的通用资质条件外，承接330千伏以上输变电工程监理业务，需具有原国家建设部认定颁发的电力工程监理甲级企业资质或工程监理综合资质；承接 330 千伏及以下输变电工程监理，需具有原国家建设部认定颁发的电力工程监理乙级以上企业资质或工程监理综合资质。

（三）违反资质要求选择监理单位可能承担的主要法律责任

根据《建筑法》《建设工程质量管理条例》《工程监理企业资质管理规定》等规定，实行监理的建设工程，建设单位应当委托具有相应资质等级的工程监理单位进行监理。监理单位只能承接与其资质相符合的监理项目，对于建设单位将建设工程委托给不具有相应资质等级的工程监理单位的，将被建设主管部门责令改正，并处 50 万元以上 100 万元以下的罚款。

根据《建设工程安全生产管理条例》第十四条规定，管理责任主要有：

（1）工程监理单位应当审查施工组织设计中的安全技术措施或者专项施工方案是否符合工程建设强制性标准。

（2）监理过程中，发现存在安全事故隐患的，应当要求施工单位整改；情况严重的，应当要求施工单位暂时停止施工，并及时报告建设单位。施工单位拒不整改或不停止施工的，工程监理单位应当及时向有关主管部门报告。

（3）工程监理单位和监理工程师应当按照法律、法规和工程建设强制性标准实施监理，并对建设工程安全生产承担监理责任。

《建设工程安全生产管理条例》第五十七条规定，工程监理单位发生未对施工组织设计中的安全技术措施或者专项施工方案进行审查，发现施工单位拒不整改或者不停止施工，未及时向有关主管部门报告，未依照法律、法规和工程建设强制性标准实施监理等行为之一的，责令限期改正；逾期未改正的，责令停业整顿，并处 10 万元以上 30 万元以下的罚款；情节严重的，降低资质等级，直至吊销资质证书；造成重大安全事故，构成犯罪的，对直接责任人员，依照刑法有关规定追究刑事责任；造成损失的，依法承担赔偿责任。

（四）对电力工程监理单位中的"挂靠"行为的处罚

允许其他单位或者个人以本单位的名义承揽工程，实践中又称之为"挂靠"，其中，允许他人使用自己名义的企业为被挂靠人；相应的使用被挂靠企业名义从事经营活动的企业或自然人为挂靠人。根据《建设工程质量管理条例》规定，工程监理单位允许其他单位或者个人以本单位名义承揽工程的，责令改正，没收违法所得外，还将被处合同约定的监理酬金1倍以上2倍以下的罚款，对施工单位处工程合同价款百分之二以上百分之四以下的罚款；并可以责令停业整顿，降低资质等级；情节严重的，吊销资质证书。

（五）对监理单位监理服务不到位的认定

监理单位违反合同约定，造成电网建设单位经济损失的，应承担相应的民事法律责任，在电网建设监理过程中，监理单位如发生不履行或不适当履行合同义务的行为，就属监理服务不到位。依据《建筑法》等相关法律法规规定，参照住房和城乡建设部、国家工商行政管理总局2012年印发的《建设工程监理合同（示范文本）》相关条款内容，对监理服务不到位行为的认定主要可概括为：

（1）未能为电网企业提供正确的咨询意见。

（2）未按照合同的约定制订监理规划、工程创优监理控制实施细则、监理实施细则和安全文明施工实施措施的，从而给电网企业造成损失。

（3）未按照约定配齐相关人员提供监理服务的。

（4）应检查验收的不检查验收或不按照规定检查验收，应返工的未要求返工，不合格的按照合格的进行了验收，或者应及时进行检查验收的未及时验收，影响正常施工，给电网企业造成损失。

（5）应审批的不审批或盲目审批，给电网企业造成损失。

（6）应巡视而未巡视、应旁站未旁站，给电网企业造成损失。

（7）不按规定签发指令或签发错误的指令，给电网企业造成损失。

（六）监理单位与施工单位及工程物资供应单位之间的利害关系

在工程监理过程中，为确保监理单位的公正与客观，维护建设单位的合法权益，《建筑法》第三十四条第三款规定，工程监理单位与被监理工程的施工承包单位以及建筑材料、建筑构配件和设备供应单位不得有隶属关系或者其他利害关系。

对于违反该项规定的监理单位，建设行政主管部门将责令改正，处5万元以上10万元以下的罚款，降低资质等级或者吊销资质证书；有违法所得的，予以没收。由于该项规定系法律上的强制规定，违反法律强制性规定的，根据《合同法》规定，该监理合同无效，合同无效后，双方将承担返还原物、恢复原状、承担相应过错责任等法律后果。

（七）监理单位对电网工程建设质量应承担的责任

工程监理项目实行合同管理制，工程监理单位应当依照法律、法规以及有关技术标准、设计文件和电网建设工程承包合同，代表建设单位对施工质量实施监理，并对施工质量承担监理责任。

根据《建设工程安全生产管理条例》的规定，工程监理单位应当审查施工组织设计中的安全技术措施或者专项施工方案是否符合工程建设强制性标准，在实施监理过程中，工程监理单位发现存在安全事故隐患的，应当要求施工单位整改；情况严重的，应当要求施工单位暂时停止施工，并及时报告建设单位。施工单位拒不整改或者不停止施工的，工程监理单位应当及时向有关主管部门报告，其中，在紧急情况下，项目监理机构通过电话、传真或者电子邮件向有关主管部门报告后，事后应形成监理报告。

《建设工程安全生产管理条例》第五十七条规定，监理单位发现安全事故隐患未及时要求施工单位整改或者暂时停止施工，或施工单位拒不整改或者不停止施工，监理单位未及时向有关主管部门报告的，责令限期改正；逾期未改正的，责令停业整顿，并处10万元以上30万元以下的罚款；情节严重的，降低资质等级，直至吊销资质证书；造成重大安全事故，构成犯罪的，对直接责任人员，依照刑法有关规定追究刑事责任；造成损失的，依法承担赔偿责任。

（八）监理单位处理施工单位费用索赔的主要依据及程序

监理单位应及时收集、整理有关工程费用的原始材料，为处理费用索赔提供证据，其中，处理费用索赔的主要依据包括：

（1）法律法规。

（2）勘察设计文件、施工合同文件。

（3）工程建设标准。

（4）索赔事件的其他相关证据。

面对施工单位提出的费用索赔，项目监理单位可按下列程序处理：

（1）受理施工单位在施工合同约定的期限内提交的费用索赔意向通知书。

（2）收集与索赔有关资料。

（3）受理施工单位在施工合同约定的期限内提交的费用索赔报审表。

（4）审查费用索赔报审表。

（5）与建设单位和施工单位协商一致后，在施工合同约定的期限内签发费用索赔报审表，并报建设单位。

项目监理单位批准施工单位费用索赔应满足如下条件：

（1）施工单位在施工合同约定的期限内提出费用索赔。

（2）索赔事件是因非施工单位原因造成，且符合施工合同约定。

（3）索赔事件造成施工单位直接经济损失。

（4）当施工单位的费用索赔要求与工程延期要求相关联时，项目监理机构可提出费用索赔和工程延期的综合处理意见，并应与建设单位和施工单位协商。

（5）因施工单位原因造成建设单位损失，建设单位提出索赔时，项目监理机构应与建设单位和施工单位协商处理。

三、典型案例评析

案例十九：审查监理单位资质　否则承担无效后果

案情简述

2016年9月10日，某市供电公司（被告）与某监理公司（原告）签订了一份《建设工程委托监理合同》及《补充协议》，约定市供电公司将×××输变电工程委托监理公司进行监理；合同履行期自2016年10月1日至2017年10月1日止；工程监理费总包干价为15万元。

2008年1月1日，被告认为原告与原施工单位之间有利害关系，即监理公司与工程施工单位的负责人均为同一人，违反相关规定，故另行与某工程管理公司签订一份《建设工程委托监理合同》，约定委托该工程管理公司作为监理人，负责实施输变电工程的工程监理。该合同签订后，被告共支付了15万元监理费用给该工程管理公司。

此后，原告认为被告未按合同约定在合同签订后 10 日内预付 30％的监理费、单方解除原订合同另行委托其他单位进行监理构成违约，要求被告支付相应监理费并赔偿损失未果，遂向法院起诉。

⚖ 法律分析

本案的争议焦点是监理合同是否有效以及监理合同无效时监理费用如何结算的问题。

1. 监理合同属于无效合同

《建筑法》和《建设工程质量管理条例》都明文规定，监理单位和被监理工程的承包单位以及建筑材料、建筑构配件、设备供应单位不得存有隶属或其他利害关系，否则不得承担该建设工程的监理业务。本案中监理公司与工程施工单位的负责人均为同一人，显然违反了上述法律法规的强制性规定，根据《合同法》第五十二条规定，应认定市供电公司与监理公司签订的监理合同属于无效合同。

2. 监理合同无效时监理费用如何结算的问题

本案中，监理合同因违反《建筑法》第三十四条第三款关于"监理单位不得与被监理工程的承包单位有隶属关系或其他利害关系"的强制性规定而无效。对合同无效的后果，监理公司应当承担主要过错责任。由于合同约定完成全部监理工程的监理费为包干价 15 万元，在合同签订后 10 日内预付 30％作为预付款，余额在工期结束后 10 日内一次性付清，因此被告应补偿给监理公司监理费用 5 万元。

⊕ 启示建议

电网建设单位委托监理单位时，应对监理单位的资质、利害关系等予以审查，并可要求监理单位出具承诺，保证其与被监理工程的承包单位以及建筑材料、建筑构配件和设备供应单位无隶属关系或者其他利害关系，否则应由监理单位承担合同无效导致的全部后果。必要时，甚至可以委托中介机构对监理单位的资质、利害关系等进行适当审查，以避免不必要的风险。

第四节 电网建设物资供应的法律风险防范

一、电网建设物资供应概述

物资供应管理，是指为保障企业物资供应而对企业采购、仓储活动进行的管理，是对企业采购、仓储活动的计划、组织、协调、控制等活动。其职能是供应、管理、服务、经营。目标是以最低的成本、最优的服务为企业提供物资和服务。

电网建设的物资供应主要包括物资计划、采购管理、物资合同管理、质量监督管理、物资资金管理、配送管理、仓储管理、应急物资管理、废旧物资处置管理、供应商关系管理等方面。

二、电网建设物资供应的法律风险及防范

（一）指定收货方超额验收货物应以实际供货数量结算

在实际工作中，物资合同中的出卖人经常需要将货物直接交给合同以外的第三方负责货物的运输，当事人在合同中明确指定所涉货物的收货人，由承运人直接将合同标的物送至指定收货人处。这种约定会带来一些实际问题。例如，负有验货义务的主体将不再限于买受方，很多情况下验货的权利甚至直接转移到了第三方或者终端使用者身上。由此，第三方或者其他人在收货凭证上的签章行为就应视为合同买受方对物资供应合同标的物数量及质量的检验。但买受方支付货款的义务却并不因此而转移，其仍然应就出卖方在合同之外多交付的标的物承担付款义务。基于此，《合同法》第六十四条规定了合同债务的代为受领。由此可见，对于合同指定的收货方超出物资供应合同约定之数量验收货物，买卖双方应以出卖方实际供货数量进行结算，并且出卖人要对违约部分对债权人承担责任。

（二）逾期交付、提前交付及逾期提货的法律后果

（1）逾期交付的，出卖人应当承担逾期交付的违约责任。

（2）出卖人提前履行合同，交付货物，买受人表示接受的，可视为变更履

行时间，不属于违约。如果买受人有条件接受却拒收，且拒收给出卖人造成较大损失的，不宜拒收。

（3）一般情况下，标的物风险自交付时起转移，但是如果由于买受人原因致使交付迟延，风险已经按照约定的交付时间转移。买受人承担标的物损毁、灭失的风险不以买受人有过错为条件，即不论买受人是否有过错，只要是因其自身原因致使标的物不能按照合同约定的期限交付，就要自合同约定的交付标的物的时间起承担标的物毁损、灭失的风险。

（三）物资合同发生变更时，应当注意的事项

广义的合同变更是指合同内容和主体发生变化。主体的变更，是指以新的主体取代原合同关系的主体，但合同的内容并没有发生变化，通常称之为合同的转让。合同内容变更是狭义的合同变更，指在合同成立后，尚未履行或尚未完全履行以前，当事人就合同的内容达成修改和补充的协议。通常所讲的合同变更，指的是狭义的合同变更，即合同内容的变更。

合同的变更须经当事人双方协商一致，并在原合同的基础上达成新的协议。任何一方不得未经对方同意，无正当理由擅自变更合同内容。在一些特殊情形下，法律也赋予当事人解除合同的法定权利。《合同法》规定，合同生效后，当事人不得因姓名、名称的变更或者法定代表人、负责人、承办人的变动而不履行合同义务。另外，根据《招标投标法》的规定，招标人和中标人不得订立背离合同实质性内容的其他协议，因此，对于通过招投标形式签订的合同，应当严格执行《招标投标法》相关规定，不得随意变更。

（四）物资合同违约责任的认识

违约责任，是指合同当事人不履行合同义务或者履行合同义务不符合约定时所承担的民事责任。具有以下特征：①违约责任以违反合同义务为前提。②违约责任的确定，具有相对的任意性。除法律的强制规定外，当事人可以在法律规定的范围内，通过合同确定。③违约责任具有补偿性。在某些情形下，合同法也承认惩罚性的违约责任形式。④违约责任具有相对性，合同关系以外的第三人不负违约责任，合同当事人也不对第三人承担违约责任。

在追究违约责任时，要注意违约金与损害赔偿的关系。违约金的适用不以实际损害的发生为前提，不管是否发生了损害，违约方都要支付违约金。但另一方面，当事人约定的违约金可能与违约后实际发生的损失不一致而导致当事人利益失衡。《合同法》第一百一十四条第二款：违约金高于损失的，可请求适当减少。虽然违约金不以实际损害发生为要件，但最终违约金数额的确定无疑与实际损失关系密切，法院或者仲裁机构对违约金金额的调整是以实际损失额为参照标准的。

三、典型案例评析

案例二十：材料不合格致缺陷　双方均应承担责任

案情简述

2008年5月11日，某县供电公司与某建筑公司签订某输变电工程土建建设工程施工合同。合同约定，建筑材料由发包方提供并经承包方验收合格后投入使用。合同签订后，建筑公司如期开工，县供电公司亦如约提供钢筋水泥等建材。但是在合同履行过程中，建筑公司基于县供电公司的要求，未对每批建材进行检验。2009年6月10日竣工验收后，经建设单位、设计单位、监理单位和施工单位四方验收，工程质量不合格。县供电公司要求建筑公司对工程进行修复并承担修复费用，建筑公司则认为工程质量问题是因为建设单位提供的建材质量不合格导致，坚持不同意承担修复费用，双方因此发生争议，原告县供电公司遂诉至法院。

法律分析

本案焦点是县供电公司提供的建筑材料质量不合格导致工程质量缺陷应承担什么责任。分析如下：

1. 县供电公司应当对涉案工程质量缺陷问题承担主要责任

本案中，县供电公司与建筑公司签订的建设工程施工合同约定，建筑材料由县供电公司提供并经建筑公司验收合格后投入使用。同时《建设工程质量管理条例》第十四条规定，按照合同约定，由建设单位采购建筑材料、建筑构配件和设备的，建设单位应当保证建筑材料、建筑构配件和设备符合设计文件和合同要求。因此，县供电公司应当按照合同约定按时按量提供质量符合合同要求和国家强制性标准的建筑材料，否则应当依法承担过错责任。

根据《最高人民法院关于审理建设工程施工合同纠纷案件适用法律问题的解释》第十二条规定，建设单位提供或者指定购买的建筑材料、建筑构配件、设备不符合强制性标准，造成建设工程质量缺陷，应当承担过错责任。本案中，县供电公司提供的建筑材料质量不符合国家强制性标准并且拒绝建筑公司进行检验，既违反了法律规定，也违反了合同约定，应当对涉案工程质量缺陷问题承担主要责任。

2. 建筑公司应当对涉案工程质量缺陷承担次要责任

根据建筑法律法规有关规定，施工单位应当按照工程设计要求、施工技术标准和合同的约定，对建筑材料、建筑构配件和设备进行检验，不合格的不得使用。即使建设单位拒绝施工单位进行材料检验，施工单位也应当坚持依照法律法规进行检验，拒绝使用不合格的建筑材料。本案中，建筑公司未坚持对建设单位提供的建筑材料依照国家有关规定进行检验，也违反了法律规定和合同约定，应当承担相应的过错责任，即次要责任。

⊙ 启示建议

在电网项目建设中，由电网企业提供工程所需的材料和设备（即所谓的"甲供"）的情况并不少见。由电网企业自行采购和提供材料和设备虽然有利于工程质量控制，但也应注意防范有关法律风险。

1. 电网企业应当妥善约定建筑材料、设备的供应方式，确保甲供材料、设备质量合格

电网企业应当根据工程建设项目的实际情况，妥善约定建筑材料、设备的供应方式。甲供材料、设备，是指建设单位和施工单位在合同中约定由建设单位自行采购以及电力变压器等设备。

由建设单位负责提供建筑材料、建筑构配件、设备，是建设工程施工实践中常见的物资供应方式，双方当事人可以在不违反相关法律法规的情况下在合同中约定。合同约定甲供材料、设备的，则供电企业应当按照合同约定按时按量向施工单位提供建筑材料、设备，电网企业应当确保提供的建筑材料质量符合合同要求和国家强制性标准，否则造成建设工程质量缺陷的，应当承担过错责任。

2. 非甲供的材料和设备，应由施工单位自行采购，建设单位不得指定

若电力工程施工合同约定由施工单位采购建筑材料、设备的，则作为建设单位的电网企业不得指定施工单位购入用于工程的建筑材料、建筑构配件和设备或者指定生产厂、供应商，也不得明示或者暗示施工单位使用不合格的建筑材料、建筑构配件或者要求施工承包商向其指定的建筑材料、设备、构配件供应单位采购建筑材料、设备、构配件，否则除应当按照合同约定承担违约责任，还可能面临行政监督部门处以 20 万元以上 50 万元以下罚款的行政处罚。

第十四章 工程竣工验收的法律风险

近年来，我国经济的飞速发展大大推动了电网建设的发展，电网建设任务日益加重。因此，对电网建设项目竣工验收的要求也越来越高。为了保障电网建设项目建成投产后能够发挥功效，竣工验收工作就显得尤为重要。本章主要阐述工程竣工验收的概念、条件、程序，简要分析工程竣工验收的法律风险及防范措施，为电网建设项目预防法律风险提供支持与保障。

第一节 工 程 竣 工 验 收

一、工程竣工验收的概念

工程竣工验收，是指建设单位（发包人）收到施工单位（承包人）的竣工验收申请后，根据建设工程质量管理法律制度和建设工程竣工验收技术标准，以及建设工程合同（勘察设计合同、施工合同、监理合同等）约定内容，组织设计、施工、监理等有关单位对建设工程查验接收的行为。电力工程竣工验收是全面检查工程设计、设备制造、施工、调试和生产准备的重要环节，是保证输变电设施安全、可靠投入运行前的关键性程序，是建设工程由建设转入使用的重要标志。

在建设工程施工合同中，发包人对承包人工作成果的验收方式就是组织工程的竣工验收，以确定承包人交付的工程是否符合质量约定。竣工验收合格日期决定是否承担逾期竣工违约责任；竣工验收合格是进行工程价款结算的前提；合格的工程及合同在约定工期内完成，共同构成合同价款的对价。

二、工程竣工验收的条件

根据国务院《建设工程质量管理条例》（国务院令第 279 号）规定，结合电力工程具体情况，工程竣工验收应当具备以下条件：

（1）完成了工程设计和合同约定的各项内容。

（2）施工单位对竣工工程质量进行了检查，确认工程质量符合有关法律、法规和工程建设强制性标准，符合设计文件及合同要求，并提出工程竣工报告。该报告应经总监理工程师（针对委托监理的项目）、项目经理和施工单位有关负责人审核签字。

（3）有完整的技术档案和施工管理资料。

（4）有工程使用的主要建筑材料、建筑构配件和设备的进场试验报告。

（5）建设行政主管部门及委托的工程质量监督机构等有关部门责令整改的问题全部整改完毕。

（6）对于委托监理的工程项目，具有完整的监理资料，监理单位提出工程质量评估报告，该报告应经总监理工程师和监理单位有关负责人审核签字。未委托监理的工程项目，工程质量评估报告由建设单位完成。

（7）勘察、设计单位对勘察、设计文件及施工过程中由设计单位签署的设计变更通知书进行检查，并提出质量检查报告。该报告应经该项目勘察、设计负责人和各自单位有关负责人审核签字。

（8）有规划、消防、环保等部门出具的验收认可文件。

（9）有建设单位与施工单位签署的工程质量保修书。

（10）工程项目前期审批手续齐全。

三、工程竣工验收的程序

竣工验收可分为以下几个流程：

1. 工程竣工预验收

建设管理单位或委托业主项目部（输变电工程验收管理竣工预验收人员）

组织进行竣工预验收。提交《竣工预验收方案》《竣工预验收报告》。建设管理单位在施工单位三级自检、应开展的中间验收、监理初检合格的基础上，编制竣工预验收方案，组织运行、设计、监理、施工、调试及物资供应等单位开展竣工预验收。竣工预验收完成所有的缺陷闭环整改后，出具竣工预验收报告，向启委会申请启动验收。

2. 消防验收

建设工程完（竣）工后，建设管理单位向出具消防设计审核意见的公安消防机构申请消防验收。进行消防验收需提供以下材料：

（1）有关消防设施的工程竣工图纸。

（2）业主单位的工商营业执照等合法身份证明文件。

（3）设计、施工（包括消防专业分包单位）、监理、图审机构单位提供合法身份证明及资质等级证明文件。

（4）消防设施检测合格证明文件（消检报告）。

（5）项目电器综合检测合格证明文件（电检报告）。

（6）施工单位工程竣工验收报告。

（7）消防产品质量合格证明文件。

（8）具有防火性能要求的建筑构件、建筑材料、装修材料符合国家标准或者行业标准的证明文件、出厂合格证。

公安消防机构对验收申请材料验收审核通过后组织现场消防验收工作，如有问题进行整改再次验收，验收合格后，出具消防竣工验收合格意见，未取得消防竣工验收合格意见或备案意见的项目不允许投入使用。

3. 启动验收

由业主单位（输变电工程验收管理启动验收人员）组织进行启动验收，提交《启动验收方案》《启动验收报告》。

启委会收到竣工预验收报告后，组织编制工程启动验收方案，方案批准后，工程验收组按照分工、验收内容、验收程序开展验收。启委会签订《启委会鉴定书》和《移交生产交接书》，列出工程遗留问题处理清单，明确移交的工程范围、专用工器具、备品备件和工程资料清单，标识"投产"状态。

4. 最后验收

（1）环保验收，建设项目投产后，建设单位应当组织开展环保措施验收，委托有资质的单位进行验收监测，出具建设项目竣工环境保护验收调查报告。

（2）规划验收，建设管理单位在申请规划验收前，先向城乡规划主管部门申报全部土建竣工图纸、建筑消防设施质量监理报告、监理工作总结申报档案预验收，档案预验收合格后向城乡规划主管部门申请规划验收。城乡规划主管部门对提供的规划验收申请材料审核通过后，组织进行现场规划验收，验收合格后下发建设工程规划验收合格证。

（3）档案验收，建设管理单位应当在取得消防验收、规划验收手续后，向档案管理部门（地方城建档案馆）申请档案验收，经档案管理部门验收合格后下发建设工程档案验收合格证。

（4）不动产登记，建设管理单位在取得规划验收手续后，向国土资源和房屋管理部门申请办理不动产权证书。国土资源和房屋管理部门对提供的不动产权申请材料审核通过后组织现场验收，验收合格后下发不动产权证书。

5. 工程竣工验收的相关法律依据

《建设工程质量管理条例》（国务院令第 279 号）规定：

第十六条　建设单位收到建设工程竣工报告后，应当组织设计、施工、工程监理等有关单位进行竣工验收。建设工程经验收合格的，方可交付使用。

第十七条　建设单位应当严格按照国家有关档案管理的规定，及时收集、整理建设项目各环节的文件资料，建立健全建设项目档案，并在建设工程竣工验收后，及时向建设行政主管部门或者其他有关部门移交建设项目档案。

第二节　工程竣工验收法律风险防范

一、工程竣工验收的法律风险分析

在工程竣工验收阶段主要存在以下几个风险点：

1. 不及时提交竣工验收报告的风险

施工企业未按照合同约定及时提交竣工验收报告和完整的竣工验收资料，

导致竣工结算被拖延，承担逾期竣工责任及工程的保管责任。

2. 竣工验收资料不完整带来的风险

施工企业提交的竣工验收资料不完整，造成发包人不能正常验收，将导致竣工结算被拖延。

3. 验收未通过，未按发包方要求进行整改带来的风险

施工企业在建设单位对竣工验收提出整改意见后，未及时组织整改，导致竣工结算被拖延。

4. 不及时进行中间验收带来的风险

（1）工期被拖延，承担违约责任。

（2）无法及时申领进度款。

（3）在其之后可能发生的工程质量及安全问题，要承担赔偿责任。

（4）如引起相关工程的延误，还可能遭到索赔。

5. 总包不及时进行分包工程验收的风险

（1）分包可能提出索赔。

（2）如影响其他工程的进行，可能承担由此造成的损失。

6. 验收通过后，未及时办理工程移交手续的风险

工程验收通过后，施工企业未及时办理工程的移交手续，导致施工企业可能承担工程的保管责任或违约责任。

二、工程竣工验收的法律风险防范

对应以上工程竣工验收存在的风险，主要的防范措施有以下几点：

（1）施工企业需要严格按照合同约定的日期通过直接送达、快递送达、挂号信送达等方式向发包人及时提交竣工验收报告及完整的竣工验收资料，并做好签收记录，保存好签收记录和快递、挂号信凭证等资料。

（2）施工企业在工程施工过程中，分阶段收集整理相关资料，以保证在工程竣工后的最短时间内向发包人提交竣工报告和完整的竣工验收资料。

（3）施工企业应当严格按照合同约定编制完整的竣工验收资料和竣工验收报告，并编制相应目录，装订成册，做好签收记录。办理交接手续时应明确交接资料的文件清单，并书面确认。

（4）施工企业可要求发包人出具书面整改清单及整改要求，组织人员及时、全面进行整改。

（5）施工企业应熟悉工程所在地对竣工验收资料的要求，以保证送达发包人的资料完整。

（6）施工企业应当严格按照合同约定进行中间验收。及时书面提交中间验收资料并保留好送达凭证。如因其他原因导致中间验收延误，应及时按约提交签证或索赔报告，做好签收记录。

（7）总包应事先制订分包工程验收计划和具体的验收要求、验收责任人，对于要求进行验收的分包工程，总包应及时报告发包人，及时组织验收，做好各项工作的衔接。

（8）工程验收通过，施工企业应及时办理工程的移交手续，将竣工项目移交发包人，及时撤出施工现场，解除施工现场全部保管责任。施工企业可视情况采取下列措施：一是如果按合同约定应当移交，则应遵守合同的约定；二是如因发包人不接收导致不能移交，则应发书面函件催促，或签订补充协议代保管，或及时提交索赔报告，办理索赔手续；三是如因发包人违约，施工企业为保护自身权利采取暂不移交措施，则应及时主张自己的权利，并在恰当的时候移交工程，以免承担责任。

第三节　典型案例评析

案例二十一：提交资料配合验收　未验先用义务不免

案情简述

2009 年 3 月 11 日，发包人某市电力公司（原告）与承包人某市建筑集团公司（被告）签订了《某变电站生产用房工程施工合同》，合同约定由承包人负责某变电站生产用房工程施工总承包。合同版本采用建设部推荐的《建设工程施工合同》（1999 示范文本）。2010 年 11 月，发包人市电力公司因与承包人市建筑集团公司之间发生纠纷，承包人拒不提供竣工验收资料，也不配合竣工备案，致使某变电站生产用房一直无法进行综合验收，也无法办理房屋所有权证书。为此，原告市电力公司向法院提起诉讼，要求判令承包人提供竣工验收资料，并配合竣工验收工作。

原告市电力公司诉称：我公司于 2009 年 3 月 11 日与被告市建筑集团公司签订了《某变电站生产用房工程施工合同》，由被告负责该工程的施工总承包，该工程于 2010 年 8 月 17 日完工，我公司已经按照合同约定支付了除质量保修金（合同总价 5%）外的全部工程款，但被告一直拒绝提供竣工验收资料，也不配合我公司办理竣工备案手续，导致该工程一直无法进行综合验收，也无法办理房产证。为此，我公司请求法院依法判令被告在合理期限内提供竣工验收资料，并配合我公司办理竣工验收工作。

被告市建筑集团公司辩称：原告市电力公司在某变电站生产用房项目综合验收之前即提前使用该工程，违反法律规定，承包方再无义务提交竣工验收资料并配合办理竣工验收及备案手续。

⚖ 法律分析

根据我国建筑有关法律规定，建设工程完工后，建设单位应当按照法律规定的竣工验收程序进行竣工验收和竣工备案；施工单位应当提交完整竣工验收资料，配合建设单位办理竣工验收及备案手续，这既是施工单位的合同义务也是法定义务。本案的争议焦点是施工单位是否负有提供竣工验收所需资料及配合建设单位办理竣工验收手续的合同义务和法定义务。针对这两个争议焦点分析如下：

1. 关于施工单位提供验收资料是否属于施工单位的合同义务

被告向原告提交完整竣工验收资料和竣工报告，是被告的合同义务。本案中，双方当事人签订的《建设工程施工合同》通用条款第 32.1 款规定，工程具备竣工验收条件，承包人按国家工程竣工验收有关规定，向发包人提供完整竣工资料及竣工验收报告。专用条款中，双方当事人也对承包人应提供完整的竣工资料及竣工图的份数和时间做出了详细约定。因此，工程完工后，被告应当按照合同约定向原告提交完整竣工验收资料和竣工报告。

2. 关于施工单位提供验收资料是否属于施工单位的法定义务

被告向原告提交完整竣工验收资料和竣工报告，是被告的法律义务。我国《建筑法》（2011 年修订）第六十一条第一款和《建设工程质量管理条例》（中华人民共和国国务院令第 279 号）第十六条均规定，建设单位收到建设工程竣工报告后，应当组织设计、施工、工程监理等有关单位进行竣工验收。建设工程竣工验收应当具备完整的技术档案和施工管理资料，以及工程使用的主要建筑材料、建筑构配件和设备的进场试验报告等条件。向发包人提供完整竣工资料及竣工验收报告。此外，建设部《房屋建筑工程和市政基础设施工程竣工验收规定》（建质〔2013〕171 号）和《房屋建筑和市政基础设施工程竣工验收备案管理办法》（2009 年修正）等规章也做了相应规定。

3. 发包人未经验收提前使用是否可免除承包人提供竣工验收资料及配合办理备案手续的义务

被告主张"原告在综合验收之前就提前使用该工程，违反法律规定，承包方无义务再提交竣工验收资料并配合办理竣工验收及备案手续"的答辩意见，没有法律依据。根据我国建筑有关法律规定，工程未经验收不得使用，本案中发包人未经验收提前使用了工程，虽然违反了合同约定及有关法律规定，应当依法依约承担民事责任或行政责任，但是这并不当然免除承包人依照合同约定和法律规定应承担的提交完整竣工验收资料并配合建设单位办理竣工验收及备案手续的义务。除非双方当事人在合同中特别约定发包人未经验收提前使用工程的，免除承包人提交竣工验收资料及配合办理竣工验收及备案手续的义务。

因此，工程完工后，施工单位负有提供竣工验收资料并配合建设单位办理竣工验收及备案手续的义务。

法院经审理判决：市建筑集团公司应于判决生效后 15 日内向市电力公司移交按照国家有关规定应当移交的有关施工资料，配合市电力公司办理竣工验收手续。

🔖 **启示建议**

部分电网建设项目中，施工单位拒绝提供竣工验收所需的资料，导致建设单位无法办理竣工验收，对待此类案件，建设单位应当依法维护自身合法权益。

1. 建设单位应当按照法律规定的竣工验收程序进行竣工验收和竣工备案，未经验收不得使用

建设单位若违反上述规定应承担相应的民事责任或行政责任：①工程未经验收提前使用的，建设单位可能受到有关行政监督部门责令改正，处工程合同价款 2% 以上 4% 以下的罚款；造成他人损失的还应承担赔偿责任，并且对于未经验收擅自使用后又以使用部分质量不符合约定为由主张权利的，法院将不予支持。②工程竣工验收合格后未按期办理竣工验收备案的，建设单位可能受到有关行政监督部门责令限期改正，处 20 万元以上 50 万元以下罚款。

2. 施工单位应在工程完工后提供竣工验收资料，并配合建设单位办理竣工验收及备案手续

施工单位若拒绝提供竣工验收资料，拒绝配合建设单位办理竣工验收及备案手续的，既违反了法律规定，也违反了合同约定，建设单位有权按照合同约定行使先履行抗辩权或同时履行抗辩权，拒绝支付相应的工程尾款并追究施工单位的违约责任。

案例二十二：竣工验收已超半年 优先受偿难获支持

案情简述

2007 年 12 月 28 日，某建筑公司（原告）与某市电力局（被告）签订了《建设工程施工合同》，约定由建筑公司承建市电力局某变电站生产用房工程，竣工日期为 2008 年 9 月 18 日。2008 年 12 月 5 日，该工程通过竣工验收。此后，双方因工程款结算发生争议，建筑公司于 2009 年 8 月 31 日向法院起诉，请求判令被告市电力局支付剩余工程款 500 万元，并确认原告建筑公司对变电站生产用房工程享有建设工程价款的优先受偿权。

原告建筑公司诉称：原告建筑公司与被告市电力局经过招投标程序，于 2007 年 12 月 28 日签订了一份《建设工程施工合同》。合同约定，由原告承建被告某变电站生产用房，合同工期总日历天数为 240 天，计划竣工日期为 2008 年 9 月 18 日，合同价款采用固定总价人民币 1400 万元，支付方式为基础完工支付合同总价 30%，三层结构封顶支付合同总价 15%，通过竣工验收后再支付合同总价的 15%，综合验收（经有关行政部门确认）后支付合同总价 15%，余款 25%综合验收后一年内付清。上述工程于 2008 年 11 月基本完工，于 2008 年 12 月 5 日经业主、设计单位、监理单位和我公司四方竣工验收合格。但直至 2009 年 2 月 5 日被告仅支付工程款 900 万元，余 500 万元工程款未能支付，原告出于无奈，特向法院提起诉讼，请求法院判令被告支付剩余工程款 500 万元，并确认原告建筑公司对变电站生产用房工程享有建设工程价款的优先受偿权。

被告市电力局辩称：①被告已严格按照合同约定支付了工程款，至今累计支付工程款 900 万元，支付比例约 65%，符合合同约定，剩余工程款应当在工程综合验收合格（经有关行政部门确认）后支付，而涉案工程一直未能通过综合验收，是因为原告无理要求增加工程结算款（合同约定固定总价），被告不同意，原告遂故意拒绝配合被告办理综合验收手续所致。因此，被告主张剩余工程款尚不具备付款条件，不符合合同约定，不应获得支持。②被告于 2009 年 8 月 31 日起诉，而涉案工程早于 2008 年 12 月 5 日经四方验收合格，被告主张工程价款优先受偿权已经超过六个月的法定期限。此外，本案变电站生产用房是公共利益工程，按照建设工程的性质不宜折价、拍卖，不适用工程价款优先受偿权，请求法院驳回其诉讼请求。

法律分析

本案的争议焦点是原告主张剩余工程款的支付条件是否成就以及原告主张工程价款优先受偿权是否超过法定期限。针对这两个争议焦点分析如下：

1. 关于原告主张剩余工程款的支付条件是否成就

本案中，原告认为工程竣工验收后被告即应付清剩余工程款，被告则认为工程综合验收后方才支付剩余工程款。双方对此发生争议源于本案施工合同中关于"竣工验收"和"综合验收"两个时间节点的约定，施工合同中约定工程价款支付方式为基础完工支付合同总价 30%，三层结构封顶支付合同总价 15%，通过"竣工验收"后再支付合同总价的 15%，"综合验收"（经有关行政部门确认）后支付合同总价 15%，余款 25%待"综合验收"后一年内付清。"竣工验收"，通常是指施工单位完成承包合同约定范围内的所有工程并达到合同约定的质量标准后，由建设单位组织勘察、设计、施工、监理等单位验收，验收结论为质量合格，即为工程竣工验收合格。而"综合验收"，通常是指在"竣工验收"的基础上完成法定的行政许可手续，主要包括取得规划、消防、环保等合格证及相关资料文件，并经建设行政主管部门确认，发给竣工验收合格备案证书。涉案工程已于2008年12月5日通过竣工验收，被告累计已支付的工程款符合施工合同约定的支付比例（竣工验收后支付至65%）。本案施工合同明确约定"综合验收"为"经有关行政部门确认"的日期，但涉案工程至今尚未办理综合验收，由此可见，原告主张的剩余工程款应在工程经综合验收后才需支付。因此，原告主张剩余工程款的支付条件尚未成就。

2. 关于原告主张工程价款优先受偿权是否超过法定期限

根据《合同法》第二百八十六条的规定，建设工程承包人享有工程价款优先受偿权。根据《最高人民法院关于建设工程价款优先受偿权问题的批复》第四条的规定，建设工程承包人行使优先权的期限为六个月，自建设工程竣工之日或者建设工程合同约定的竣工之日起计算。因此，要判定原告主张工程价款优先受偿权是否超过法定期限，首先要确定涉案工程的竣工日期。

本案中，施工合同约定有工程竣工验收和综合验收两个时间节点，原告认为涉案工程的竣工日期应为综合验收之日，被告则认为竣工日期为竣工验收之日。那么如何认定涉案工程的竣工日期？根据《建设工程质量管理条例》（国务院令第279号）第十六条的规定，建设单位收到建设工程竣工报告后，应当组织设计、施工、工程监理等有关单位进行竣工验收。建设工程竣工验收应当具备下列条件：

（1）完成建设工程设计和合同约定的各项内容。

（2）有完整的技术档案和施工管理资料。

（3）有工程使用的主要建筑材料、建筑构配件和设备的进场试验报告。

（4）有勘察、设计、施工、工程监理等单位分别签署的质量合格文件。

（5）有施工单位签署的工程保修书。建设工程经验收合格的，方可交付使用。

此外，根据《最高人民法院关于审理建设工程施工合同纠纷案件适用法律问题的解释》（法释〔2004〕14号）第十四条规定，当事人对建设工程实际竣工日期有争议的，建设工程经竣工验收合格的，以竣工验收合格之日为竣工日期。本案中，工程于2008年12月5日经建设单位、设计单位、施工单位和监理单位四方验收合格，符合上述法律规定，该日期应为民事法律意义上的竣工日期。因此，涉案工程应以2008年12月5日为建设工程竣工之日，原告于2009年8月31日向法院起诉，已经超过行使工程价款优先受偿权6个月的法定期间，其主张无法获得法院支持。

法院判决：驳回原告建筑公司的全部诉讼请求。

⚖ 启示建议

电网建设项目虽具有一定的公益性质，但是否适用工程价款优先受偿权存在争议，电网企业应当高度关注建设工程价款优先受偿权的法律规定，积极防范相关法律风险。鉴于建设工程价款优先受偿权的行使对于发包人和承包人均具有重大意义，因此各方均应予以关注，防范有关法律风险。根据《合同法》第二百八十六条和《最高人民法院关于建设工程价款优先受偿权问题的批复》（2002年）的有关规定以及其他法律法规规定，建设工程承包人优先受偿权应具备如下要件：

1. 承包人工程价款债权合法

《合同法》第二百八十六条规定，发包人未按照约定支付价款的，承包人可以催告发包人在合理期限内支付价款。发包人逾期不支付的，除按照建设工程的性质不宜折价、拍卖的以外，承包人可以与发包人协议将该工程折价，也可以申请人民法院将该工程依法拍卖。建设工程的价款就该工程折价或者拍卖的价款优先受偿。根据《合同法》的这一规定，只有在发包人未按照合同约定支付工程价款，产生违约行为时，承包人方可就所承建的建设工程行使工程价款优先受偿权，工程价款优先受偿权的权利义务主体为发包人与承包人。同时，根据《合同法》第二百六十九条规定，建设工程合同是指承包人进行工程建设，发包人支付价款的合同，建设工程合同包括工程勘察合同、设计合同和施工合同。承包人对工程价款的债权应当是基于合法有效的建设工程合同所产生的，债权的合法性应当是承包人享有工程价款优先受偿权的必要前提。

2. 优先受偿权的债权范围应符合法律规定

《合同法》第二百八十六条明确规定，优先受偿权的债权范围为建设工程价款。《最高人民法院关于建设工程价款优先受偿权问题的批复》（2002年）第三条进一步明确为，建筑工程价款包括承包人为建设工程应当支付的工作人员报酬、材料款等实际支出的费用，不包括承包人因发包人违约所造成的损失。此外，根据《最高人民法院关于审理建设工程施工合同纠纷案件适用法律问题的解释》（注释〔2004〕14号）第六条的规定，当事人对垫资没有约定的，按工程欠款处理，承包人的垫资款应当为工程价款，属于优先受偿权的债权范围。根据《最高人民法院关于审理建设工程施工合同纠纷案件适用法律问题的解释》（法释〔2004〕14号）第十七条和第十八条规定，当事人对欠付工程价款利息计付标准有约定的，按照约定处理；没有约定的，按照中国人民银行发布的同期同类贷款利率计息。利息从应付工程价款之日计付。因此，拖欠工程款的利息属于法定孳息，也应属于优先受偿权的债权范围。

3. 按照工程性质不宜折价、不宜拍卖的建设工程不适用工程价款优先受偿权

按照《合同法》第二百八十六条的规定，工程价款优先受偿权的客体范围不包括"按照建设工程的性质不宜折价、拍卖的"建设工程。对"按照建设工程性质不宜折价或拍卖"如何理解？法律没有明确规定。但是，涉及国家利益或社会公共利益、法律上禁止流通的建设工程，比如国防工程、机场、医院、图书馆、桥梁公路等应当不能作为优先受偿权的标的。

4. 优先受偿权应当在法定期限内行使

根据《最高人民法院关于建设工程价款优先受偿权问题的批复》（2002年）第四条规定，建设工程承包人行使优先权的期限为六个月，自建设工程竣工之日或者建设工程合同约定的竣工之日起计算。该期间为除斥期间，不存在中止、中断等情形。因此，建设工程承包人的工程价款优先受偿权应当在法定的有效期间内行使，若超过了六个月，该权利将因超过法定期限而丧失。该条规定中的竣工之日为实际竣工日期，应当根据《最高人民法院关于审理建设工程施工合同纠纷案件适用法律问题的解释》（法释〔2004〕14号）第十四条的规定来认定，即建设工程经竣工验收合格的，以竣工验收合格之日为竣工日期；承包人已经提交竣工验收报告，发包人拖延验收的，以承包人提交验收报告之日为竣工日期；建设工程未经竣工验收，发包人擅自使用的，以转移占有建设工程之日为竣工日期。若建设工程未竣工的，则应当按照该条规定中以建设工程合同约定的竣工之日起计算工程价款优先受偿权的行使期限。

案例二十三：隐蔽工程依约质保　初验合格责任仍存

案情简述

2009 年 4 月 17 日，某电业局（原告）与某建筑公司（被告）签订了《建设工程施工合同》，合同约定由建筑公司承建电业局某变电站生产用房工程，合同总价款暂定 1400 万元，施工期为 118 天，并明确约定了双方的权利义务。

合同专用条款中关于质量问题的主要约定包括：第 17 条第 4 款"所有隐蔽工程验收必须由发包人代表同时签字确认方可覆盖"；第 17 条第 6 款"质量等级合格"；第 18 条第 7 款"工程有质量问题，发包人可以拒付工程款，且承包人不得以此为由停止施工"；第 25 条第 1 款"本工程保修期为 1 年，国家另有规定除外"；第 26 条第 4 款"施工中因承包人原因造成工程质量问题的，承包人应当修复，无法修复时，承包人应赔偿由此给发包人造成的损失。"

合同签订后，建筑公司依约进场施工，电业局聘请某监理公司为工程的现场监理。2009 年 8 月 12 日、9 月 15 日和 12 月 21 日，变电站生产用房的桩基工程、基础工程和主体工程，分别通过了电业局、建筑公司、设计单位和监理公司四方的质量验收，并分别取得了《分项、分部工程质量验收证明书》。

2009 年 10 月，监理公司做出《地基与基础分部验收评估报告》，详细记载了建筑公司对地基与基础工程的施工过程、检验的具体内容，评定等级为合格。2010 年 2 月 20 日，监理公司做出《主体分部验收评估报告》，详细记载了主体工程的施工过程、检验的具体内容，评定等级为合格。

2010 年 3 月，双方在施工过程中发生了纠纷，在有关部门的协调下，电业局与建筑公司签订《协议书》，该协议约定双方终止于 2009 年 4 月 17 日签订的《建设工程施工合同》，并约定建筑公司施工的工程如存在未按图施工或质量问题的违约情况，电业局仍可按原合同和本协议追究建筑公司的违约赔偿责任等内容。

同年 4 月 16 日，建筑公司向电业局出具《确认书》，承认其施工的基础工程存在质量问题，并根据《协议书》中有关质量条款约定，自愿赔偿电业局 30 万元，该款可在工程进度款内直接扣除。

此后，电业局将剩余工程交由其他单位施工。2010 年 11 月，监理公司做出包括建筑公司施工部分的《竣工验收监理评估报告》，评定等级为合格。同年 11 月 27 日，包括建筑公司施工部分的整体工程通过了施工单位、勘察单位、监理单位、设计单位、建设单位的五方综合验收，认定工程质量为合格，并出具了《工程竣工验收合格证书》。2011 年 3 月 28 日，电业局出具证明，认可建筑公司在施工期间全部工程按施工设计图施工。同年 4 月 19 日，电业局在《申请报告》中书面表示：工程已投入使用。

2011 年 5 月 7 日，电业局就建筑公司的催款予以了回复，认为尚未达到付款条件，其中理由之一：建筑公司负责施工的基础工程存在质量问题。

此后，电业局因基础工程质量问题诉至法院。

原告电业局诉称：2009 年 4 月 17 日，我局与被告建筑公司签订了《建设工程施工合同》，合同约定由建筑公司承建我局某变电站生产用房工程。基础工程施工过程中，因被告施工存在质量问题，我局与被告于 2010 年 3 月份签订了《协议书》，约定双方终止《建设工程施工合同》，并约定被告建筑公司施工的工程如存在质量问题的违约情况，我局仍可按原合同和本协议追究被告建筑公司的违约赔偿责任。2010 年 4 月 16 日，被告建筑公司向我局出具《确认书》，承认其施工的基础工程存在质量问题，并根据《协议书》中有关质量条款约定，自愿赔偿电业局 30 万元，该款可在工程进度款内直接扣除。原告不按照设计图纸施工、偷工减料致使基础工程存在严重质量隐患，现已无法修复，导致附楼工程必须重建，造成损失 500 余万元。因此，原告请求法院准许进行质量鉴定申请，并判令：①建筑公司赔偿因其不按照设计图纸施工、偷工减料存在质量隐患现已无法修复导致附楼工程必须重建的基础隐蔽工程所造成的损失 500 余万元。②建筑公司承担合同约定的违约金 30 万元。③本案的诉讼费由某建筑公司负担。

被告建筑公司辩称：我公司承包该工程后，严格按照设计图纸施工，不存在偷工减料现象，地基与基础工程经监理单位验收合格，不存在质量问题。2009 年 10 月，监理公司做出《地基与基础分部验收评估报告》，详细记载了建筑公司对地基与基础工程的施工过程、检验的具体内容，评定等级为合格。因此，原告在工程验收合格后主张质量问题没有法律依据，请求法院驳回其诉讼请求。

法律分析

本案的争议焦点有两个：一是一审法院未准许原告的质量鉴定申请即作出判决是否违反法定程序；二是工程验收合格是否免除承包人对于地基基础工程的质量责任。针对这两个争议焦点分析如下：

1. 关于一审法院未准许原告的质量鉴定申请即作出判决是否违反法定程序的问题

本案中，基础隐蔽工程虽然经监理公司进行全程检查监督，并在《地基与基础分部验收评估报告》中详细记录了建筑公司的施工过程，检验的具体内容和结论，评定为合格工程，并经发包人、监理公司、设计单位和施工单位四方质量验收合格，取得了《分项、分部工程质量验收证明书》，最终整体工程也取得了《工程竣工验收合格证书》，但是根据法律规定，施工单位应当对地基基础工程在建筑物合理使用寿命内承担质量责任，因此，在发包人提供了初步证据及线索证明基础工程可能存在质量问题时，仍然应当准许发包人对基础隐蔽工程质量进行全面司法鉴定的申请，启动工程质量的司法鉴定程序，并根据鉴定结果判别是否应当由施工单位承担质量责任。因此，一审法院原判决违反法定程序，依法应当撤销原审判决，发回重审。

2. 关于工程验收合格是否免除承包人对于地基基础工程的质量责任的问题

地基基础工程质量是建筑物质量的关键，一旦地基基础工程存在质量问题可能导致重大质量事故和安全事故发生，甚至可能造成人员伤亡和重大经济损失，因此，法律法规对于基础工程的质量保证责任规定得非常严格。首先，根据《建筑法》（2011 年修订）第六十条、《建设工程质量管理条例》（国务院令第 279 号）第四十条等有关规定，承包人必须在设计文件规定的该工程的合理使用年限内，确保地基基础工程和主体结构工程质量，承担保修义务，并对由质量问题造成的损失承担赔偿责任。因此，承包人对基础工程的质量保证责任是严格的法定义务，即使基础工程已经通过验收，承包人仍应承担质量保证责任。其次，根据《最高人民法院关于审理建设工程施工合同纠纷案件适用法律问题的解释》（法释〔2004〕14 号）第十三条的规定，建设工程未经竣工验收，发包人擅自使用后，又以使用部分质量不符合约定为由主张权利的，不予支持，即发包人丧失因使用部分工程质量问题向承包人主张权利的胜诉权，但是承包人仍然应当在建设工程的合理使用寿命内对地基基础工程和主体结构质量承担民事责任。因此，即使工程未经验收发包人擅自使用，承包人仍应在合理使用寿命内对地基基础工程承担质量保证责任。

综上所述，工程竣工验收合格后或者未经验收发包人擅自使用的，并不免除承包人依法应承担的地基基础工程的质量保证责任。法院最终判决：①被告建筑公司向原告电业局赔偿加固修复费用 137 万余元；②驳回原告其他诉讼请求。

🏛 启示建议

建设单位应当做好工程竣工验收工作，高度重视竣工验收对于工程质量判定的法律意义。

1. 工程竣工验收是对建设工程质量的最终检验和评价，建设单位应当高度重视，做好工程竣工验收工作

建设单位应当依法组织设计、施工和监理等单位进行工程竣工验收，审查施工单位提交的竣工报告及竣工资料，并对工程实体质量进行检查，在验收过程中发现质量达不到竣工验收标准时，应当要求施工单位立即整改，并重新组织竣工验收。发包人应当高度重视其在竣工验收报告上签署确认工程质量合格的行为的法律意义，根据《建设工程质量管理条例》（国务院令第 279 号）规定，发包人组织设计、施工、监理等单位共同做出的竣工验收结论是判定工程竣工验收是否合格的依据。

2. 工程竣工验收合格表明工程质量合格，但承包人仍应对地基基础工程或者主体结构工程承担质量责任

工程通过竣工验收，意味着工程的施工质量达到合同约定的标准，表明工程质量合格，即承包人完成了施工合同约定的主要义务（保修义务除外），发包人应当按照合同约定支付工程款。若工程未通过竣工验收，则表明工程质量不合格，若属承包人原因导致工程竣工验收不合格的，承包人需对工程进行返修，发包人在工程通过竣工验收前可以拒付工程款，并有权要求承包人承担工期违约等法律责任。工程通过竣工验收后，发包人不应再以施工不符合合同约定为由对工程质量问题提出异议，但地基基础工程或者主体结构工程出现质量问题的，承包人仍应承担质量保证责任。

第十五章 不动产权证办理的法律风险

办理不动产权证书是工程竣工验收的一项重要环节。建设管理单位在取得规划验收手续后，便可向国土资源和房屋管理部门申请办理不动产权证书。不动产权证书是指国土资源部制定的不动产登记簿证，2015 年 3 月 1 日，原国土资源部制定的不动产登记簿证样式《不动产权证书》《不动产登记证明》正式启用。不动产登记机构启用新的不动产登记簿证后，原有的各类不动产登记簿、权属证书和登记证明样式将逐步停止发放，以前依法制作并记载登记内容的土地登记卡和归户卡、房屋登记簿等簿册继续有效，已经依法发放的《集体土地所有证》等证书、证明继续有效。

第一节 不动产权证书办理

一、不动产权证办理概述

1. 预告登记

预告登记指当事人签订买卖房屋或者其他不动产物权的协议，为保障将来实现物权，而按照约定可以向登记机关申请预告登记。如在商品房预售中，购房者可以就尚未建成的住房进行预告登记，以制约开发商把已出售的住房再次出售或者进行抵押。

《物权法》第二十条规定："当事人签订买卖房屋或者其他不动产物权的协

议，为保障将来实现物权，按照约定可以向登记机构申请预告登记。预告登记后，未经预告登记的权利人同意，处分该不动产的，不发生物权效力。""预告登记后，债权消灭或者自能够进行不动产登记之日起三个月内未申请登记的，预告登记失效。"

最高人民法院关于适用《物权法》若干问题的解释（一）第四条规定："未经预告登记的权利人同意，转移不动产所有权，或者设定建设用地使用权、地役权、抵押权等其他物权的，应当依照物权法第二十条第一款的规定，认定其不发生物权效力。"

业主可单方持房屋买卖合同、缴款凭证、身份证明等资料向房地产交易登记机构申请办理，并领取相应城市的商品房预告登记证明书。

2. 权属登记及领证

所谓房地产权属登记，是指法律规定的管理机构对房地产的权属状况进行持续的记录，对拥有房地产的人的权利进行登记，包括权利的种类、权利的范围等情况的记录。

需交资料：房地产登记申请书、房地产他项权利登记申请书（已设定抵押的）、房屋面积测绘成果报告书、用地来源文件、房屋报建文件、预售许可证（属商品房项目的）（提交复印件）、楼盘单元明细表、身份证明、公安部门门牌证明、拆迁前原房屋的房地产证（合作开发或自己开发自有房地产的）、移交房屋证明（土地出让合同条款里规定要移交有关房屋及直管房拆迁的）、在建工程抵押登记证明书（已设定在建工程抵押的）、银行与开发企业确定抵押情况的报告（实测面积、门牌与抵押登记证明书记载的面积不相符的）。

办理时间：自收件窗口立案受理，领取《房地产交易登记受理回执》之日计算 30 个工作日。

办理完所有手续后，即可领取不动产证。

二、不动产权证办理流程及条件

（一）不动产权证办理流程

（1）申请人到不动产所在地的不动产登记部门申请权籍调查。

（2）申请人到不动产所在地的不动产登记窗口递交申请材料。

（3）属地不动产登记机构受理、初审后报市不动产登记中心审核。

（4）市不动产登记中心核准并将登记事项记载于登记簿。

（5）申请人到不动产所在地的不动产登记窗口领取《不动产权证书》。

（二）办理不动产权证所需的资料

（1）《不动产登记申请书》。

（2）当事人的身份证明。

（3）不动产权属证书（已有土地使用证）或土地权属来源证明。

（4）《建设用地规划许可证》。

（5）《建设工程规划许可证》。

（6）《建设工程施工许可证》。

（7）《竣工验收备案证书》。

（8）经审查的不动产权籍调查结果（不动产权籍调查表、界址点坐标成果表、不动产测量报告、宗地图、查丈表、墙界表、房产分层分户平面图等）。

（9）相关税费缴纳凭证。

（10）其他必要材料。

（三）不动产权证的办理时限

根据《不动产登记暂行条例》（2015年3月1日施行）第二十条规定，不动产登记机构应当自受理登记申请之日起30个工作日内办结不动产登记手续，法律另有规定的除外。

需要注意的是，30个工作日是上限，并不是必须办理30个工作日。符合规定的申请材料才能受理，审查时限不包括公告时间。为了方便群众和企业，登记机构将会进一步优化办事程序，尽可能提高工作效率，缩短办事时限。

（四）旧证换新证办理流程

（1）申请人提交申请资料，不动产登记部门进行权籍调查或数据整合。

（2）申请人到不动产所在地的不动产登记窗口递交申请材料。

（3）属地不动产登记机构受理、初审后报市不动产登记中心审核。

（4）市不动产登记中心核准并将登记事项记载于登记簿。

（5）申请人到不动产所在地的不动产登记窗口领取《不动产权证书》。

（五）旧证换新证所需资料

（1）《不动产登记申请表》。

（2）申请人的身份证明材料。

（3）不动产权证书或其他房地产权属证书。

（4）补发不动产权证还需提供刊登遗失声明的公告材料（刊登的遗失声明需满 15 个工作日）。

上述所列不动产权证办理的流程及条件仅供参考，具体以地区实际要求为准。

第二节　办理不动产权证的法律风险防范

一、不动产权证书缺失带来的法律风险

2007 年国家颁布的《物权法》规定，"不动产物权的设立、变更转让和消灭，经依法登记，发生效力；未经登记，不发生效力"和"不动产权属证书是权利人享有该不动产物权的证明，所有权人对自己的不动产或动产，依法享有占有、使用、收益、处分的权利。"根据《物权法》等法律，为整合不动产登记职责，规范登记行为，方便群众申请登记，保护权利人合法权益，国务院于 2014 年 11 月 24 日发布，自 2015 年 3 月 1 日起施行《不动产登记暂行条例》。由此可以看出，如果对自己所占有的房屋和土地没有办理相关权属证明，将不受国家法律保护。随着不动产物权管理有关法律政策不断完善，不动产登记已成为防范企业经营风险，维护公司合法财产权益的重要环节。

按照现行法律法规，电网企业应当办理土地使用权属登记的土地主要包括：变电站（开关站、开闭所、供电所）及相关设施占地，调度通信用房占地，营业用房占地，办公用房占地，其他生产性房屋建筑物占地；后勤服务用房占地，其他非生产性房屋建筑物占地；闲置土地。不包括输（配）电线路通道占地和杆塔占地。

调查发现，由于历史上土地、房产政策屡经变迁，有的建设项目资金构成和土地来源比较复杂，加上部分单位对不动产登记工作不够重视、管理运作不

尽规范等原因，电网企业尚有很大一部分的不动产登记手续不完善。一些单位内部职责不明确，不动产登记管理基础薄弱，存在很大的法律风险，尤其是变电站土地和房屋等，如不办理不动产权证书，变电站用地和地上房屋建筑物将得不到法律的承认与保护，有可能使变电站及地上建筑物面临越来越多的纠纷，进而影响变电站扩建，影响电网发展。

二、不动产主体变更的法律风险及防范

不动产主体变更既包括产权从出卖人过户到买受人名下，也包括出卖人或买受人主体发生变更。不动产主体发生变更应及时办理过户登记手续，否则将不受法律保护，导致不必要的纠纷。

《物权法》第九条规定，不动产物权的设立、变更、转让和消灭，经依法登记，发生效力；未经登记，不发生效力，但法律另有规定的除外。依法属于国家所有的自然资源，所有权可以不登记。《物权法》第一百四十五条规定，建设用地使用权转让、互换、出资或者赠与的，应当向登记机构申请变更登记。可见，我国现行立法对不动产物权变动采取的是登记要件主义，即不动产权转让合同的签订并不直接意味着不动产权的转移，不动产权的转移还必须以登记为要件。不动产权转让双方应当在签订合同后，及时办理变更登记手续。申请房产变更登记的，还须申请土地使用权变更登记，如果只办理其中一项登记的，转让行为无效。

实践中，转让方为了追求利益最大化往往会要求受让方先支付大部分或全部货款，再办理变更登记手续。然而，在收到合同款后转让方如将一个土地使用权或房产再进行转让或者多次转让的情况下，未办理变更登记的买受人可能会存在产权不被认可、不受保护的法律风险。

按照《最高人民法院关于适用〈中华人民共和国物权法〉若干问题的解释》（法释〔2016〕5号）的规定，未按规定办理变更登记的，不影响转让合同的效力。在转让合同有效的情况下，多个受让方均要求履行合同的，按照以下情形分别处理：

（1）已经办理变更登记的受让方取得土地使用权。

（2）均未办理变更登记，已先行合法占有的受让方有权请求办理变更登记。

（3）均未办理变更登记，又未合法占有，则先行支付土地转让款的受让方有权请求办理变更登记。

（4）合同均未履行，则依法成立在先的合同受让方有权请求办理变更登记。

未能取得土地使用权的受让方请求解除合同并赔偿损失的，按照《合同法》的有关规定处理。

可见，签订了转让合同、支付了合同价款、完成了房产交付并不直接意味着不动产权的转移，不动产权的转移必须以登记为要件，只有办理了变更登记，才能发生效力。因此，为了防范风险，必须提高不动产登记意识，及时办理变更登记手续。在不动产权转让过程中，特别是受让方，不仅要及时了解转让方的动向，还要及时进行相关调查或采取必要的防范或补救措施。如受让人除了在转让合同中依法约定办理变更登记的具体时间和在办理变更登记前尽可能地少支付价款外，还要明确约定违约责任，要将违约行为造成的各项损失，包括预期利益写明，约定违约金计算方法，一旦发现对方有违约行为，及时采取补救措施，以免损失扩大。

三、办理不动产权证书过程中的困难及风险防范措施

（一）存在的主要困难

1. 历史问题较多及管理不规范

由于电网企业土地房屋数量较多，地域分布广，加上时间久远，房屋规模和用途有的发生了改变，导致土地和房屋难以统计出确凿的数据。由于保管人员更换，管理环节薄弱，存在许多问题，有的资料遗失，有的获得不动产时未取得相关资料及其权属证明，有的变电站建成投运后未及时办理土地权证，再补办时需提交的立项文件、可研报告等资料不齐全。再加上历史上土地、房产政策变化较大，有的建设项目资金构成和土地来源比较复杂，这些都给不动产权证办理带来了诸多困难。

2. 权证办理意识淡薄

有相当一部分人认为电网企业是国有的，房屋和土地通过无偿划拨取得也是国家的，不办理权证不会有法律上风险，致使有的单位和部门重视程度不够，工作主动性不强，积极性不高，办证遇到困难而畏惧退缩。

3. 土地地籍信息管理等基础工作薄弱

早期的土地登记，尤其是初始的土地登记，边摸索、边总结，工作程序及方法有的比较粗放，存在着不规范、不完善，甚至错漏等问题。土地无偿划拨时期，用地审批多头管理，无偿占用、少征多用的现象严重。土地开发、"五荒"拍卖不规范，地籍信息不统一、不完整，难以满足办证工作的日常需要。

4. 办证环节多，手续复杂，周期长

就电网企业内部而言，企业的不动产在新增、重建的过程中，涉及众多部门，需要公司的资产使用保管部门、资产管理部门、基建、档案和法律事务等部门的通力合作。就外部而言，权属证书的办理不仅要取得地方政府领导的重视与支持，还需要房产、国土、规划、城建、质监和消防等多部门的理解与配合。尤其是对因历史遗留问题导致无法提供相关资料证明的；对土地权属有争议的；对闲置废弃或被他人无偿占用的；对从开发商或工业园获得需开发商或工业园统一办理的；对因改变土地用途或者集体土地转国有用途的；对已纳入政府拆迁改造范围暂不能办理权证的；对政府承诺将土地无偿划拨，开工前却仍未取得相关书面文件或相关书面文件遗失的。诸如此类问题的解决，无论是环节，还是手续、周期方面，呈现出来的困难尤为突出。

（二）可行的风险防范措施

为房屋建筑物和土地办理不动产登记，是防患企业经营风险，保护公司财产权，确保国有资产保值增值和企业经营效益提升的必要前提。对电网企业而言，目前可行的风险防范措施主要有以下几点：

（1）加强对办理不动产登记的重视程度，为更好更快地办理不动产登记，加大资产使用保管部门、资产管理部门、基建、档案和法律事务等部门的通力合作，可专门成立办理不动产登记专项小组。小组人员通过积极协调各级政府部门，及时做好各项资料的收集工作。

（2）加大对办理不动产登记的法律风险宣传力度，消除"不办理权证不会有法律上风险"的错误观念，通过法律规章制度的学习以及各类案例的剖析，提高工作人员的工作主动性，避免法律风险。

（3）重视与地方政府相关部门的沟通与协调。尤其是加强与房产、国土、规划、城建、质监和消防等多部门沟通，在办理不动产登记的过程中取得以上部门的理解与配合。

第三节　典型案例评析

案例二十四：产权登记不及时　阻却执行无依据

▶ 案情简述

2008年10月15日，某县电力工程服务中心与某置业公司签订两份《商品房买卖合同》，置业公司将两套商品房出售给县电力工程服务中心，总价款为170万元。合同签订后，县电力工程服务中心一直未与置业公司办理不动产权过户登记手续。2014年5月4日，县电力工程服务中心变更为县电力工程有限公司，2016年2月29日县电力工程有限公司又被县建设工程有限公司吸收合并，县电力工程有限公司被注销。同年因上述两套商品房一直登记在置业公司名下，置业公司因拖欠吴某借款未还，地方人民法院查封该两套商品房，并进入司法拍卖程序。

县建设工程有限公司为此提出案外人执行异议之诉，要求确认涉案房产为其所有，并停止对涉案房产的执行。但法院审理后以县建设工程有限公司未实际占有涉案房产，以及协议签订后较长时间内未办理产权过户手续，县建设工程有限公司也未向法院提供证据证明非因自身原因所造成等理由，认为县建设工程有限公司不享有阻却法院执行涉案房产的民事权益，故判决驳回县建设工程有限公司的诉讼请求。

▲ 法律分析

本案争议的焦点问题有两个，一是县建设工程有限公司的主体是否适格，二是县建设工程有限公司是否享有阻却法院执行涉案房产的民事权益。

1. 关于县建设工程有限公司的主体是否适格问题

虽然原商品房买卖合同的主体是县电力工程服务中心，但因县电力工程服务中心2014年5月4日名称变更为县电力工程有限公司，2016年2月29日县电力工程有限公司又被县建设工程有限公司吸收合并，县电力工程有限公司被注销，根据我国《公司法》（2013年修订）的相关规定，作为原商品房买卖合同主体的权利义务应由变更、合并后存续的县建设工程有限公司承继，因此，本案的主体适格。

2. 关于县建设工程有限公司是否享有阻却法院执行涉案房产的民事权益问题

根据《最高人民法院关于人民法院办理执行异议和复议案件若干问题的规定》（法释〔2015〕10号）第二十八条的规定，要求买受人在法院查封涉案房产之前须签订合法有效的书面买卖合同，并已付清全款或已依约支付部分价款，合法占有涉案房产，同时，非因买受人自身原因未办理过户登记。但本案涉案房产一直出租给其他人使用，县建设工程有限公司并未实际占有涉案房产，而且，长达八年时间内产权主体几次变更，但都未办理产权过户手续，未过户的原因完全是因为自身的原因所造成的。因此，人民法院认定县建设工程有限公司不享有阻却法院执行涉案房产的民事权益。

⊛ **启示建议**

1. 提高不动产登记意识

根据我国《物权法》规定，不动产权属证书是权利人享有不动产物权的证明。近年来电力企业由于内部改制、资产划分频繁等原因，导致部分房产未办理或未及时办理不动产权证书的情况时有发生。同时，由于主观办证意识不强，很多企业往往认为房产是自己出钱买的，办不办证没有什么法律风险，就像案例中提及的县电力工程服务中心一直以来认为自己签订有商品房买卖合同，房产就是自己的，办不办过户都没关系，造成最终房产被人民法院查封的结果。因此，我们应提高办理不动产权属证书意识，加强内部管理，消除"办不办证不会有法律风险"的错误观念。

2. 高度重视不动产权证办理过程中主体变更的法律风险

案例中买受人县电力工程服务中心最初未将房产从出卖人某置业公司名下过户登记到自己名下，经过多年该电力工程服务中心主体几次发生变更，仍未办理过户登记手续，最终导致房产被法院查封，造成不必要的纠纷和损失。因此，我们必须高度重视不动产权证办理过程中主体变更的法律风险，及时办理过户、及时变更，杜绝法律风险。

参 考 文 献

[1] 马宗林. 物权法与电力企业 [M]. 北京：法律出版社，2008.

[2] 刘振亚. 电网建设法律风险防范 [M]. 北京：中国电力出版社，2009.

[3] 李卫东. 电网规划典型案例与风险防范 [M]. 北京：中国电力出版社，2012.

[4] 李卫东. 电网建设典型案例与风险防范 [M]. 北京：中国电力出版社，2012.

[5] 国家电网公司经济法律部. 电网建设案件处理实务问答 [M]. 北京：中国电力出版社，2016.

[6] 国家电网公司经济法律部. 招标活动法律保障工作实务指南 [M]. 2016 年版. 北京：中国电力出版社，2016.

[7] 刘振亚. 超越 卓越 [M]. 北京：中国电力出版社，2016.